御厨政治史学とは何か

2017年7月、御厨貴先生の著作『明治史論集』、『戦後をつくる』（ともに吉田書店刊）をめぐる2つのイベント

＊ **シンポジウム「御厨政治史学とは何か――21世紀への"お宝"たりうるのか？」**（2017年7月1日、於：東京大学先端科学技術研究センター ENEOSホール）

＊ **書評会「『明治史論集』を南大沢で読む」**（2017年7月13日、於：首都大学東京南大沢キャンパス）

が開催されました。

本書はこれら2つのイベントの成功を受け企画されたものです。

Ⅰには、録音・文字起こし者の置塩文氏の手によるシンポジウムの議論を、当日の雰囲気そのままに収録いたしました。Ⅱには、シンポジウムで登壇いただいた金井利之氏・手塚洋輔氏・前田亮介氏・佐々木雄一氏、さらに書評会で評者を務められた池田真歩氏による寄稿文を収録しています。巻末にはシンポジウムにて配布した年譜を再編集のうえ掲げております。

なお、表紙・本文に使用した写真は神谷竜介氏が撮影したものです。多くの方々のご助力に感謝申し上げます。

（吉田書店編集部）

不思議な時空間の再構成に向けて

御厨　貴

ちょっと風変わりなシンポジウムが、東京大学先端科学技術研究センターで行われた。二〇一七年七月一日のことだ。自分が耕してきた「明治史」と「戦後史」について、吉田書店が〝お宝〟発見とばかりに、昨年から今年にかけて二冊の本（『戦後をつくる』『明治史論集』）を編んでくれた。それらを作っているうちに、私にとっても学問形成の〝場〟であった「東京都立大学」の存在が妙に気になり出した。わが学問形成期に二〇年余勤務した大学である。他大学に転じてから、いつの間にやら二〇年足らずの日にちが経ってしまった。いまや半々の按配だ。

「帰りなん、いざ」という気分になった。若き二〇歳代から四〇歳代の自分は、「都立大学」でいかなる学問形成をどのようになしえたのか。これを後輩の研究者たちに考察してもらおうと、シンポジウムを吉田書店の吉田真也さんとわが東大先端研助教の佐藤信さんとに委ねた。人選すべてお任せだったが、短期間のうちにあれよあれよという間に、シンポジウムの開催に至った。

終わって記録を読むと、わが事ながら不思議なインパクトがある。思い切ってまた二人と相談した結果、この冊子の形でのお目見えとなった。都立大、政研大、東大の各時代に学問を共にした人たちの発言には、驚くことばかりであった。特に「明治史」については、まだ可能性のある沃野が開けていることがわかったし、「戦後史」については、トピックの取り上げ方次第でこれまた新規開拓ができると知った。自分でやれるか否かはわからぬが、やりたい気分は充分にある。

実は、わが「明治史」と「都立大学」との関連性について、「都立大学」の後進である「首都大学東京」の若き友人である河野有理さんが、奇しくも同じ七月一三日に、書評会「『明治史論集』を南大沢で読む」を開いてくれた。これは正直とても懐かしく嬉しい出会いであった。そこで、河野さんと書評者の池田真歩さんからも、今回一文を寄せてもらった。

何と「都立大学」との縁は深く、一〇月一九日には、「法学会記念講演会」で「オーラル・ヒストリー今昔物語」と題して、南大沢の地に凱旋将軍のように講演会を開いてもらえた。有り難い。さらには、私が都立大学を辞する際、法政研究室書庫に置いてきた「電力と政治コレクション」が、いままた活性化の契機を得ようとしている。そして同じくいま、「戦後史総合演習の会」が産声を上げるべく準備が進んでいる。

確かに〝地霊〟が蠢《うごめ》いている感がある。すべてを素直に受け取っておきたい。そしていまははるかなる「都立大学」の面影を通して、過ぎし日にいたらなかった自分を心から反省したい。また連絡業務などで世話になった東京大学先端科学技術研究センター御厨研究室と、吉田書店とには本当にご苦労様でしたと申し上げる。

シンポジウムで報告をしてくれた人たちと参加して発言してくれた人たちにも、改めて「ありがとう」と大きな声で伝えておこう。

二〇一七年一二月一日

目次

Ⅱ　御厨政治史学の真髄

実験室と共同体——シンポジウム「御厨政治史学とは何か」を企画して

佐藤　信

巷間、「黒本」や「青本」といえば、それぞれ「赤本」に続いて著名な大学入試過去問集であろう。ところが、このシンポジウムではこれらはそれぞれ『明治国家をつくる』（藤原書店、二〇〇七年）と『明治史論集』を指す記号として当然のように通有しており、そのことが御厨貴をめぐる特異な知的共同体の存在を証明している。だが、フト立ち止まって考えてみれば、「黒本」や「青本」という呼称にせよ、「翁」という自称にせよ、「生前葬」というイベントの性格にせよ、これらは御厨翁本人の規定による。このような状況規定が自分本位の自作自演になっているのなら、人びとは見向きもしまい。それがお願いした登壇者の先生方は（ご家族の事情が許さなかった方を除けば）みな登壇や寄稿を快諾してくださり、また、本づくりで疲労困憊なはずの吉田書店・吉田さんが準備に奮迅してくださった。御厨翁をめぐる「愛着共同体」とでもいおうか、言葉遊びも共に楽しむ仲間たちがこのシンポジウムの基層にある。

はじめ、御厨翁からこのシンポジウムの企画を仰せつかったとき、この愛着共同体を想起しながら大変に困ってしまった。御厨翁はすでに何度となく最終講義や関連企画など「生前葬」を行っている。今回は書評会というお達しだったが、単なる学術書評ではこの共同体の知的探求心を満たすことはできまい。ウンウン唸って、ならば共同体の巨大さ、なかでも世代の広がりを逆手に取ろうと考えた。わたしなぞ共同体の中ではぺーぺーだが、さらに若い人も少なくなく、共同体とはいえ前提を共有しているとはとてもいえない。ならば、執筆当時を知る先生方に当時の状況や見立てを教えていただこう。世代によって読みはそれぞれであろうから、各世代の先生方にそれぞれの読解や展望をご披露いただこう、と考えたわけである。

科学史には「実験室の民俗誌」という分野がある。科学的知見がいかなる環境――機材や資料や人的ネットワーク――のもとで得られたのか問うのである。これに準《なぞら》えるなら、このシンポジウムの一面は御厨史学の実験室の民俗誌である。八雲の都立大という空間、サロンのような憲政資料室、草創期『レヴァイアサン』の印象など、若い学徒にとってはいずれも貴重な証言である。また、当時を知る人にとっても当時のゼミの風景や史料状況など、忘却の彼方から浮き上がって来たことも少なくなかったのではないか。

この補助線を引いて読まなければならないと言いたいのではない。あらゆるテキストが読者の解釈に開かれているのは当然であるのみならず、御厨史学が、否、御厨翁自身が多様な読みを積極的に受け入れようとしているからである。そこでのキーワードはシンプルに史料と面白さである。故升味準之輔は都立大退職にあたって、落語家が高座で自分自身面白がってはいけないのと同じように歴史家は興奮のそぶりを見せてはいけないと語った。御厨翁は升味翁のこの老成した態度に不満げである（『日本政党史論』への書評。『明治史論集』五二一頁参照）。史料に魅惑され、信頼できる研究者たちと読解を披露しあいながら、自ら楽しめばよいではないか、行間にそんな思いが読める。史料に依拠しながら、面白い歴史を語り合う。そんな開放を尊ぶ知的風土こそが、各研究者が御厨史学から――もしかしたら誤読も含めて――関心を発展させてきた所以であり、またこうして「愛着共同体」が定着している理由でもあろう。

御厨貴×吉田書店によるプロジェクトは、書評集や天皇論集をも準備していると聞く。また、このシンポジウムでの河野康子先生のコメントに触発されてだろう、御厨翁は筆者への私信の中で希望の党を「第二保守党」と位置づけてその歴史的意義を測ったりしている。御厨史学はその来し方と「おしゃべり」しながら、またこの「愛着共同体」と「ざわめき」ながら、まだまだ進んでいきそうだ。今度は「赤本」を世代を超えて紐解くことを楽しみにしたい。

さとう・しん　東京大学先端科学技術研究センター助教、日本政治外交史
主著＝『鈴木茂三郎　一八九三―一九七〇』（藤原書店、二〇一一年）

ぶれる人——書評会「『明治史論集』を南大沢で読む」を企画して

河野　有理

御厨貴はぶれる人である。しかし、御厨貴の面白さもまたおそらくその中にある。『明治史論集』のあとがきを読んでつくづくそう思った。

たとえば教授会への評価。『知の格闘』（ちくま新書）においてはこうだ。曰く、「非常によくない集まり」。「一応何かを決めることになっていますが、決めるというよりは非常に愚かな会話が交わされる集まり」。そしてこのとき念頭に置かれている「教授会」が、ほかならぬ都立大学法学部のものであることは、「一時半から始めて六時になっても終わらないというとんでもない会合」という記述その他によって確定される。

だが、『明治史論集』のあとがきでは、ニュアンスが異なる。

……政治学会に赴けば少しずつ前に押し出され、責任と行儀を嫌でも身につけさせられるのだが、大学に戻ってくればしたい放題、放埒の限りを尽くした。

それは「都立大学法学部」全体の構造にも連動していた。同じく若手の法律学の仲間たる渕倫彦（西洋法制史）、渋谷達紀（商法）、前田雅英（刑法）、小寺彰（国際法）といった人たちと、つるんでは教授会で悪さをした覚えがある。（『明治史論集』五六九頁）

なんだか楽しそうである。しかもそれだけではない。「汎政治の面白さ」「非政治的言説のからくりめいた広がり」「反政治が充分に政治たりうる微妙な按配」を「つるんで」はした「悪さ」を通して学び、「実践的な政治学の要諦」を体得したとさえいわれる。「非常によくない集まり」「とんでもない会合」と回顧されることもあるその場所が、また同時に御厨流〈会議の政治学〉の最初の道場でもあったことはおそらく疑いない。

「教授会」に対する評価の「ぶれ」はまた本書における「都立大学法学部」時代の再評価と大きく連動していることは明らかだろう。単に〈場〉についてだけではない。その時代の自身の研究スタイルについてもだ。あたかも柳田國男の如く、口頭伝承の聞き取り（オーラル・ヒストリー）をもとにしたある種の〈政治民俗学〉の未踏の沃野を開拓していったのが〈都立大以後〉の御厨貴の姿であったとするならば、都立大時代の彼はそうした〈政治民俗学〉がその限界を突破しようとした「精密実証史学」の徒であったはずだ。「明治史に淫していた」というその口吻からはもちろん後の〈政治民俗学〉的立場からする反省の気配がうかがわれはする。だが本書で、「精密実証史学」が単に克服や否定の対象とされていないことは確かだろう。それどころかいまだ汲みつくされていない鉱脈が埋まっていそうな気配すらある。
二〇一七年七月一三日、首都大学東京の南大沢キャンパスで書評会を開催しようと思ったのは、この御厨貴における「都立大」的なるものの復権の予感を確かめたかったからだ。もちろん、わかっている。首都大は都立大ではない。八雲が持っていた濃厚な〈学問の館〉は南大沢には存在しないのかもしれない。だが、時は経ち、街は変わり、人も変わった。かつてほんのわずかな期間しか滞在することのなかった「狐狸」の跋扈した南大沢に対する評価もまた「ぶれ」ないとも限らない。

御厨貴はぶれる人だ。その「ぶれ」は、御厨貴が何事についてもその機能と逆機能とを同時に意識しているところからおそらく来ている。アクセルとブレーキが、機能と逆機能が時に同時に作動しつつぎしぎしと音を立てながらもなんとか進んでいく。そういうものが好きなのだ。政治もそして人生もおそらくはそういうものであるし、そうあるべきものなのだ。

久しぶりに南大沢の土を踏んだのとほぼ軌を一にして、図書室に彼が置き土産として残した「電力と政治コレクション」も忽然と姿を現した。書かれざる幻の「精密実証史学」の鉱脈、それはおそらくその露頭である。

こうの・ゆうり　首都大学東京都市教養学部法学系教授、日本政治思想史
主著＝『明六雑誌の政治思想』（東京大学出版会、二〇一一年）

I

御厨政治史学とは何か——21世紀への〝お宝〟たりうるのか？

日　時　二〇一七年七月一日（土）
一四：〇〇〜一七：三〇
場　所　東京大学先端科学技術研究センター
（三号館　ＥＮＥＯＳホール）
主　催　東大先端研「お宝探し研究会」＋吉田書店

置塩　文　（録音・記録担当）

第一部　明治史学の〝お宝〟探し

『明治史論集——書くことと読むこと』（吉田書店、二〇一七年五月）

登壇者
坂本　一登（國學院大學 教授、一九五六年生）
前田　亮介（北海道大学 准教授、一九八五年生）
佐々木雄一（首都大学東京 助教、一九八七年生）
＋
御厨　貴（東京大学先端科学技術研究センター 客員教授、一九五一年生）
司会＝佐藤　信（東京大学先端科学技術研究センター 助教、一九八八年生）

はじめに

佐藤　皆さん、こんにちは。今日はだいぶ蒸し暑いですけれども、お集まりいただきましてありがとうございます。私は、本日司会を務めさせていただきます、この先端研で助教を務めております佐藤信と申します。よろしくお願いいいたします。

それでは早速、この「青本」といいますか『明治史論集』をもとにした第一部の議論を始めさせていただきます。

皆さん、御厨先生と深いおつき合いの方が多いのでよくご存じかと思いますが、御厨先生の研究会といえばおおむね〝ノー・プラン〟でありまして、しかも〝基本は言いたい放題。最終的に面白ければいい〟ということであります。本日に関しましても「なるべく、いわゆる堅い〝書評会〟というものにはしたくない。むしろ批判歓迎」ということでありますので、バリバリ批判をしていただければと思いますし、同時になるべくフロアからもご議論をいただければと思っております。私も、不慣れを理由に突然フロアから意見やコメントを求めることがあるかもしれませんけれども、「若造がやっているからしょうがない」と大目に見ていただければと思います。

佐藤　前置きはそれくらいにいたしまして、早速内容に入っていきたいと思います。まず、時間をなんとか捻出して来ていただきました豪華な登壇者の皆様を簡単にご紹介させていただきます。

皆様から見て左手から御厨貴先生、ご紹介不要でございます。

それから、坂本一登國學院大學教授でいらっしゃいます。ご紹介不要かとは存じますが、坂本先生は御厨先生の都立大学時代のお弟子さんでいらっしゃいますが、御厨先生と五歳しか違いません。都立大学法学部を卒業され、大学院に進まれ博士号を取得されています。僕は御厨先生から「今では許されるかわからないような厳しい指導をした」と聞いたことがありますが、そういった近い関係の中で、今日扱うような作品が生み出される過程をずっと見てこられたということですから、歴史的な証言もお伺いできればと思っております。

そして、前田亮介北海道大学准教授でいらっしゃいます。前田先生は、御厨先生が先端研に移られてから教養学部で始められた御厨ゼミ「政治学を読み破る」の出身でいらっしゃいます。そのあと東大文学部にお進みになり、博士号を取得されました。現在は北海道大学で日本政治外交史を担当しておられます。『明治史論集』をお読みになった方は、まるでラブレターのような解題をご覧になったかと思いますが、本日は厳しいコメントもぜひ伺えたらと思っております。

最後に、佐々木雄一首都大学東京助教であります。佐々木先生も先端研の御厨ゼミの出身でいらっしゃいまして、法学部に進学され、博士号を取得、最近東京大学出版会から『帝国日本の外交　一八九四―一九二二――なぜ版図は拡大したのか』（二〇一七年）というご著書を出版されています。前田先生とほぼ同世代ですけれども、本日の登壇者の中で最もお若いということで、新鮮なお話を伺えることと思います。

さて、僕がだいぶ長く話してしまいましたので、早速中身に移っていきたいと思います。

お手元の年譜（本書巻末参照）の中に、アスタリスク（＊）をつけているものがございます。これがこの「青本」に収録されている論文の初出であります。見ていただきますと、多くの論文が一九八〇年代という時代に書かれていることがおわかりいただけると思います。そこで、最初に〝一九八〇年代の明治史研究における御厨史学〟といったようなことをお話しいただいたあと、では、〝二〇一七年の現在から見てどうなのか〟、そして、〝将来にどういうふうにつないでいいかれるのか〟というような流れでお話しいただければと思っている次第です。

御厨先生はこの『明治史論集』の第Ⅰ部第7章「日本政治における地方利益論の再検討」（初出＝『レヴァイアサン』第2号、一九八八年）に「……多かれ少なかれすべての近代研究は、当該研究者が生きているまさに現代という時代環境の制約と影響から免れ難いという一般命題が存在する……」とお書きになっています（三九二頁）。それでは、一九八〇年代という時代にはどのような制約状況があったのか、御厨先生はその当時どのような問題意識で書かれたのか、というようなことを簡単にお話しいただければと思います。それでは御厨先生、最初にお願いいたします。

一九八〇年代の明治史研究

御厨　皆さん、こんにちは。私はなんかしょっちゅうこういうことをやっているような気がします。生前葬を何度もやっているという感じもしますし、年譜を見ていますと、やったものを死後に掲げて見ているような感じがいたします。

冗談はさておき、私も研究生活に入って今年でもう四〇年は越えましたかね、そのぐらいになりました。四〇年間べたで研究生活をしてきたわけではなく、山あり谷ありということと同時に関心の推移というものもあって、いまではいろいろな人に会うと一応「専門は明治から現代まで」というふうにお話をしています。では、なぜ研究生活のはじめに明治をやったかという話に

御厨貴氏

なります。一九七五年、私が東大法学部の助手になった頃はまだ、戦後はもちろんのことですが昭和史をやるというのも御法度の時代でありました。指導教授といろいろありました私も、最終的には明治に戻っていくということになりました。明治史には何の土地勘もありませんでしたが、助手の任期三年のうち後半の二年半を使ってとにかく最初の助手論文を書きました。それは、年譜の一九八〇年のところに書いてあります『明治国家形成と地方経営――一八八一～一八九〇年』（東京大学出版会）というかたちで結実をします。それから「地方の次は首都だ」ということで同じような分析をして、四年経った一九八四年に『首都計画の政治――形成期明治国家の実像』（山川出版社）をものにしました。

これは歴史畑の研究者のほうからは「歴史の本だ」とはあまり思われなかった。この本を書くに当たって僕は、いまでいう書簡資料、それも手書きのものが当時は国立国会図書館の憲政資料室で直接手にとって見られましたので、それをさんざん読んでくっつけて本にしたわけです。分析の枠組みが格別あったわけではありませんが、「おまえが分析している明治国家には、あたかもいまの現代国家と同じような行政官僚制が動いている。そして、それに携わる人たちもそれと政治との関連を考えながら事を進めている。戦後と同じような官僚制の動きが明治の初めからあったのか、つまりルーツを探していくとそこにたどり着くという話なのか」ということを随分言われ、皆に驚かれました。私はあまり意識していなかったのですが。そういう中でこの本たちが書かれたという事情があります。

助手論文を書いたあと私は都立大学に赴任いたします。都立大法学部の政治学には長老が三人、中間管理職が二人、そしていちばん若いほうが二人という状況で、その最後に私がくっついた。いま首都大学の政治学がどうなっているか詳らかにしませんが、当時都立大学の法学部というのは定員八名が政治学でした。私はその八人目になりましたので、それから、一九八〇年代の一〇年間、私は政治学でいうと常にいちばん尻尾のほうにいた。それだけ好き放題できたということでもあります。

都立大に移ったとき、「次に何をやるか」と考えました。もちろん「昭和をやりたいな」という感じはありました。そこで論文も書き、さらに準備も進めましたけれども、それよりは『明治国家形成と地方経営』で書いた時期の前と後ろに、同じような視角でなんとか話を伸ばしていけないか、ということをつらつら考えました。そこで、それを前のほうに伸ばした第一号が「大久保没後体制——統治機構改革と財政転換」という論文になります（初出＝『年報　近代日本研究　幕末・維新の日本』山川出版社、一九八一年）。これは今回の『明治史論集』の第Ⅰ部第1章に収められました。

ただ、これを書いたときに満足感があったかというと、実は徒労感のほうがありました。というのは、「一四年政変」に至るプロセスの研究は経済史とか財政史に多くて、政治史としてそれらを完全に凌駕するようなものが書けたかというと、決してそうではない。でき上がったかたちが、私の言葉使いで言うと最初の本よりはるかに〝ビューティフル〟でない。なんとなくどこか引っかかりがあって、どこかを誤魔化して、最後はえいやっと書いたな、という印象があります。ですから、若い頃はそういうものですが、その後自分が書いたこの論文は、自分の欠陥を見るような感じがしましてあまり見たくなかった。

そして当時、坂野潤治先生に頼まれて書いたのが、年譜の一九八七年のところに出ております「地方制度改革と民権運動の展開」、「一四年政変と基本路線の確定」というものです（両作とも初出＝『日本歴史大系　第四巻　近代I』山川出版社、一九八七年）。この二つが今回の『論集』第I部の第2章と第3章にしっかりと入っています。これは、「大久保没後体制」のとき、完全燃焼しなかった、不完全燃焼だった部分を、「どうしてだ、どうしてだ」と考えて、「少し通時的な展開の下でやってみたら、この時代がもう少し見えてくるのではないか」ということで書いた記憶があります。これは書いてから一〇年ぐらい経って軽装版になりましたが（『日本歴史大系　普及版　第一三巻　明治国家の成立』山川出版社、一九九六年）、当時はハードカバーで百科事典のように厚くて、落として足に当たると骨折しそうな本でした。そんな厚い本は出しても誰も読まないし、本人も読まないというていたらくです。「授業に持っていって教科書として使ったらいい。テキストに最適」とか言って売っていましたけれど、嘘です。だって、あんなもの持っていけないものね。だから結局見ないということになりまして、自分の業績としても「こんなものがあったかな」ということでおしまいになってしまいました。

この時期でいうと、七転八倒したのが一九八六年のところにある「田口卯吉」（初出＝『言論は日本を動かす　①近代を考える』講談社、一九八六年）。『明治史論集』では第Ⅰ部第8章であります。これは、「明治の中でも少し広げて言論人を扱ってみよう」と思ったときに、「田口をやろう」と。これは、誰から言われたのでもなく自分自身のテーマ設定でやったものです。まあ、田口卯吉が発刊した『東京経済雑誌』というわけのわからないものに取り組んで資料をいっぱいコピーして、いま隣にいる坂本君なんかと一緒にゼミで読んだのですが、ちゃんと読めたかどうかというのはあやしい感じがしています。田口の周りをぐるぐると回って、「田口卯吉」というものをようやく一つ書いたという感じがしているものであります。そのほかいろいろ細かいものがありますが、だいたいそのへんのところが、その当時明治期について私が書いたものです。いまから考えてみても、やはり明治を一生懸命やっていたのだなという感じがします。

あと一点つけ加えますと、これらを書いているときに、当時の明治史研究で誰が自分に対する敵対者というか対抗者であったかといいますと、これは『明治史論集』の第Ⅱ部にその書評を収録しました有泉貞夫さんの『明治政治史の基礎過程――地方政治状況史論』（吉川弘文館、一九八〇年）、この原論文がなければ私も最初の論文は書けなかったと思います。また、次に同じく第

Ⅱ部に書評を掲げました藤森照信さんの有名な『明治の東京計画』（岩波書店、一九八二年）であるとか、こういうものがあったのは非常によかった。「それをどうやってひっくり返すか」、ひっくり返さないまでも、「それに補足するというかたちは嫌だ」というのが僕の考えでした。ですから、それを見ながら「いかにしてそれと違うことを言うか」ということを考えてやりました。

それ以外のものは読まなかったのかというと、まあ、読んだとは思うんですね。いろいろなところに参考文献を引いていますから読んだとは思いますが、私の悪い癖で人の論文を読んで感動するということがあまりない。論文というのは作り物だなと。自分でも作り物だと思って作っていますが、作り物度が非常に高い論文などをせっせと読んでも、「この時代がわかった」というふうには絶対に思えないなという質《たち》ですから、研究史というものはあまり参考にしなかった。最近の若い人たちは本当にいろいろなところから論文を引っ張り出してきて、それと少しでも違うことを、あるいはそれを越えることを考えるということをやっている。難しいだろうなと思います。僕らの頃は芋づる式に出てくる論文を多少見て、多少ですよ、真剣になんか読みません。読んでもどうせ「これはなんか変だな」と思いますから、それをバッサバッサと全部なぎ倒して自分のお説を作ってそこでやっていく。それが僕のいつもの方針ですが、これらの論文を書くときに、もうそういうことをやっていたなといま思い出しています。

八〇年代における明治中期の歴史研究状況というのはミゼラブルであった。すばらしい業績は有泉さんのものを除いてはそれほどなかったと思います。ただ都立大というところに行ってみたら、さっきも言いましたように僕がいちばん下にいた。いちばん下にいるなどというと、事務とか何かをすごく押しつけられただろうと思われるかもしれませんが、あの頃の先生たちは立派でした。そんなことは之なく、「助教授のあいだでないと研究はできない。いろいろな仕事は自分たちがこなす。だから、君たちは少なくとも助教授の一〇年のあいだに幾つもの論文を書いてください」と言われたことを僕はいまでも忘れません。それを真に受けて本当に事務はあまりしませんでしたが、あとで聞いたら、そう言われてもちゃんと事務をやるのが普通のやり方なのだということで、「そうか、世の中はそういうものであったか」とあとでつくづく反省をした次第であります。とりあえず以上でございます。

御厨明治史学とは――都立大学時代を中心に

佐藤　それでは、坂本先生、それを間近で見ていらした、もしくは被害を受けていたお立場でお話しいただければと思います。

坂本　坂本でございます。よろしくお願いいたします。先ほどお配りになった年譜によりますと、御厨先生は一九七八年秋に都立大に赴任されているわけですが、翌一九七九年から授業と演習を持たれることになりました。私はその最初の受講生ということになりますので、そういう意味では都立大時代をともに過ごさせていただいた者でございます。

自己紹介を若干させていただきますと、明治史研究者の端くれでございます。そもそもなぜ明治史をやり始めたかというと、御厨先生のゼミに入ったことがきっかけでした。私は大学時代もともと政治学をやりたいとか日本政治史をやろうと思っていたわけではなく、どちらかというとフランス文学とか文化人類学に興味をもっていました。また、あの頃はフランスの構造主義や哲学が流行していて、何もわからないのに憧れていたこともあって、学部時代は日本の政治史については本当に何も知りませんでした。

ただ、大学院に行きたいという気持ちは漠然と持っていたので、いろいろな先生に進学について相談に行きました。そのときある先生に「モラリストとかユマニスムとかそういうものをやりたい」と言ったら、「君はラテン語をどのくらい読めるの？」と聞かれて、即座に玉砕いたしました。「そんなものをやるより日本の近代史はまだまだやるべきことがたくさんある。ちょうど御厨先生がいらっしゃったから、日本近代史をやったらどうか」と強く勧められて、転向したというわけです。ですから、最初から御厨先生のゼミに入っていたわけではなく、五月頃に無理やり入れてもらって日本政治史の勉強を始めました。

そのときのゼミのテーマが明治史だったわけです。いろいろ読まされましたが、一番印象に残っているのは、萩原延壽さんの『陸奥宗光』です。新聞に連載されていた記事（『毎日新聞』夕刊、一九六七～六八年）を、憲政資料室の広瀬順晧さんがずっとスクラップにしてくださっていて、それを御厨先生が借り出してくださり、自分たちでコピーして読みました。人物史ということもあって取り付きやすく、内容も文章も歴史の臨場感のようなものが伝わってきて魅了されました。坂野潤治先生の『明治憲法体制の確立――富国強兵と民力休養』（東京大学出版会、一九七一年）や『明治・思想の実像』（創文社〈叢書身体の思想8〉、一九七七年）も読みました。『明治憲法体制の確立』のほうは、まだなんとなく理解できたような気がしましたが、『明治・思想の実像』は名著といわれていましたが、私には内容も難しくどういうふうにコメントしていいかわからず、閉口しました。それから、升味準之輔先生の重厚な『日本政党史論』第二巻（東京大学出版会）も読まされました。引用された資料が非常に多くて、読んでも読んでもページ数が減らなくて、慣れない候文の資料の海で溺死した覚えがあります。そういえば、坂本多加雄先生の「福地桜痴」も読みましたね。とにかくそういうかたちで明治史にどっぷり浸かったものですから、昭和史、大正史などほかの時代のことはまったく無知でした。その後、縁あって大学院に進むことになりましたが、当然のこととして、明治史を専攻するより他に道はなかったのです。ですから、明治史を専攻した理由は、あまり人に誇れるような積極的なものではなかったかもしれません。ただ、当時明治史を語る御厨先生の語り口がとても熱くて、それに魅入られたということもやはりあったのだろうなと、いまとなっては思います。

私は、先ほどご紹介がありましたように、生物学的年齢は御厨先生と五歳しか離れていないのですが、体感年齢というものがあるとすると一五歳とか二〇歳くらい離れているように感じました。大学院に入って研究のまねごとをやり始めたときも、一言ひとこと圧倒されることばかりで、私にとって御厨先生というのは本当に高い壁のようでした。

そういうかたちでお会いしたわけで、御厨先生の論文を最初に読んだときも、とても完成度が高いというか、こちらが何もわからないせいもあって、硬い鉄板のような印象を受けました。とりわけ私が衝撃を受けたのは文体でした。『明治国家形成と地方経営』や「大久保没後体制」では、対象を犀利なメスで切り分け、切り分けたその一つひとつを論理の糸で緊密に縫い上げて緊張感の高い作品に仕上げていく、その文章力に圧倒されました。私はそれまでちょっと文学かぶれみたいなところがあってあまり論理的な文章というものを書いたことがなかったので、余計に印象的で、これが硬質なアカデミックの文体というものなのかと、教えてもらったような思い出があります。

八〇年代というのは、御厨先生が都立大でいちばん若手として活躍されていた一〇年間でもありますが、都立大法学部の政治学の黄金時代でもあったような気がします。先ほど「助教授のあいだは勉強しなさいと言われた」という話がありましたが、本当に先生方が皆競うように自分の学問のために格闘されている熱気のようなものを感じていました。あの頃は御厨先生も毎週のように憲政資料室に行かれて、新たな資料を発見しては、ある種の興奮とともに戻ってこられました。書かれているプロセスを私が知っているのは『首都計画の政治』ですが、こんなことがありました。おそらくこれまでの考察からこういう資料があるはずだとあたりをつけられていたのでしょう、それが見事に的中し「こういう資料があった」と御厨先生が満面の笑みで語られ、それをほかの先生たちがニヤリとして満足そうに頷かれている、そんな知的な雰囲気がありました。そういう都立大の黄金時代の知的生産の雰囲気と御厨先生の三〇代の非常に馬力のある時代とがよくマッチして、多産の時代となったのではないかと思います。

　明治史について言うと、御厨先生には「明治史の最前線を切り拓いていく」というある種の使命感があったのだろうと思います。そしてその帰結の一つとして、「明治国家形成史」というジャンルを作られたのだと思います。当時の明治史は、やはり明治維新史や自由民権運動史が主流で、近代国家の形成や統治機構の構築そのものに正面から焦点を当てて分析したものは少なかった。もちろん明治憲法制定史というものはありましたが、権力というものに対する分析や「政治」という要素はあまり考察の対象にはなっていませんでした。御厨先生は、そういうものとは少し異なって、官僚制の形成とか官庁間政治というような視角を導入して、「明治国家形成史」という新しい分野を拓かれたのだと思います。

御厨貴氏、坂本一登氏

　最後に私的な思い出話をさせていただくと、私は大学院に入って指導を仰ぐことになったのですが、なかなか先生が思うような院生の水準に達せず、がっかりさせることが少なくありませんでした。とくに修士の頃はひどくて、先ほど「大久保没後体制」は、御厨先生の自意識としては失敗作で不完全燃焼だったという話でしたが、私には、研究が進まない状況を先生が見かねて「これでも読んだらどうか」と渡してくださった論文だったという思い出があります。同じ明治をやっている関係もあって、なかなか自分の研究の場とか視角というものを見つけることができず、あがいていたのだと思います。だいぶ後になって、御厨先生の一四年政変についての議論からヒントをもらい、「一四年政変というのは一体どういうことなんだろうな」と自分なりに考えている中で少しずつ自分のかたちをつくっていった、というのが当時の状況でございました。

資料に囲まれて——都立大学時代（1）

佐藤　若手の立場からするとよくわかりませんので、御厨先生でも坂本先生でも結構ですが、ぜひ伺ってみたいことがあります。その当時、一週間に一回ぐらい憲政資料室に行く余裕があったというお話がありましたが、いまの若手研究者にはそういう余裕がなかなかない人が多いと思います。そこで、どういう感じで研究を進められて、教育とのバランスを取られていたのでしょうか。また、院生の皆さんと同じような問題意識を共有しながら研究を進められていたような雰囲気がお話にあったわけですが、ほかの研究者や院生たちとどういう感じでコミュニケーションを取りながら研究を進めておられたのでしょうか。時代の雰囲気をちょっと教えていただけますでしょうか。

御厨　僕から先にお答えします。もうなくなりましたが、当時東京都立大は目黒区八雲にありました。いわゆる府立高校（旧制府立高等学校）の跡でありまして、僕らがいたのは、いまでも覚えていますがA棟という旧制高校時代の建物を改修したところです。当時の講義室を横に仕切った細長い形の研究室に入っていました。幸い僕らの頃から一人一部屋だったので、行ったら一国一城の主だというような実感を得ました。

本当にいまほど忙しくなかったのだと思いますが、その八雲の研究室にほぼ毎日通っていました。そして本になっている資料はそこにどんどん買い込んだ。というか、私は東大法学部の助手時代に、それからあとはお金がなかなか自由にならないだろうと思ったので、給料のほとんどを資料集を買うことに充てていました。都立大に行ったときにはその資料集全部を書架に並べることができて、必要があるものはそこで拾うという感じでした。

ただ、その頃の明治研究では基本的に原資料を見に行くというのが習慣になっていましたから、確かに憲政資料室に通いましたね。それから、東京都の公文書館とかそういうところにも通って、週一回は行っていたと思います。なぜ週一行っているかというと、くずし字というのは外国語とある程度似ていまして、しばらくやっていないと勘が極めて鈍って読めなくなるんです。週一ぐらいで行っていると読むことができる。そういうこともあって通っていたんだろうなと思います。

帰ってくると、さっき坂本君が言ったように院生や同僚の先生にワアワア言ったというのも確かに覚えがあります。院生の集まっている部屋に行ってしゃべったこともあるし、あるいは、あそこにいらした法律のほうの若手の先生も誰彼かまわずつかまえてしゃべりまくった。向こうは迷惑だったと思いますけれど、そういうことがあったことを思い出します。専門領域なんかを越えてあのへんにいた人と好き勝手にしゃべり、院生とはもちろんしゃべり、という生活を送っていて、私にとっては甚だハッピー、話しかけられた人は非常に迷惑、という状況だったような感じがします。

佐藤　坂本先生、いかがですか。御厨先生のアイデアなどを聞く機会というのは、院生部屋というスペースがあってそこで、という感じだったのでしょうか。

坂本　院生室でも研究室でも、いろいろお話をお聞きした覚えがあります。おそらく、誰かに話したいような資料が見つかったり、アイデアが浮かんだりしたときは、院生室まで遠征されたのではないかと思います。私たちがどれだけ理解できたかは怪しいですが、先生の研究が立ち上がっていく、その一端を垣間見ているという実感はありましたね。

それから憲政資料室についていうと、私はくずし字が全然読めなかったので、東大の伊藤ゼミの皆さんに仲間に入れてもらって初歩から教えてもらいました。とくに梶田明宏さんには親切に手ほどきしてもらいました。伊藤ゼミの皆さんは、私には皆恩人です。それでもすぐに読めるようにはならないのですが、「なるべく憲政へ行って原資料を見なさい」という指導もあってよく行きました。当時は皆が結構よく通っていて、行けば誰かがいる、誰かに会える、そういう雰囲気でした。御厨先生とか伊藤先生もよくいらっしゃいました。それから忘れてならないのは、憲政資料室の主《ぬし》だった広瀬順晧さんで、ありがたいことに、私などは書簡が半分くらいしか読めないので、わからない字を教えてもらったり、研究のネタとなるような興味深い資料を紹介してもらったりしました。

当時の憲政資料室には、お茶の時間というのがあって、先生方が「この資料は面白い」とか、新しい研究について云々とか、いろいろ話されているのを、端っこで耳をそばだてて聞いていました。とても楽しみだったのに、お達しでもあったのでしょう、間もなくなってしまいました。当時は、明治史研究の隆盛期だったのでしょうか、明治史をやっている院生も結構数が多くて、先生方もそこで一緒になって議論に参加されたり、いま振り返ると非常に幸せな時代だったのかなと思いますね。

「精密実証」と「歴史物語」の間で

佐藤　前田さん、佐々木さん、いま明治史をやっているお二人からご質問は何かありますか。せっかくだから聞いておきたいということがもしあればどうぞ。

佐々木　佐々木と申します。先ほど佐藤さんからご紹介いただきましたけれど、私が大学に入り

佐々木雄一氏

まして駒場の御厨先生のゼミに出るようになったのは二〇〇七年です。ここに収録されている論文の多くは実は私の生まれる前に発表されているものですが、坂本先生から言及のあった本とか論文は、私も御厨先生のもとで読みました。先ほど一九七九～八〇年頃に新聞に連載された萩原延壽の『陸奥宗光』であるとか、升味『日本政党史論』を読んだとおっしゃっていました。私の場合はそれから三〇年ぐらい経った二〇一〇年頃、もう著作集になっていました萩原延壽の『陸奥宗光』、そして、御厨先生が解説を書かれました新装版の『日本政党史論』を読んでおります。ですから、一九八〇年代の御厨先生がまさに明治史研究にどっぷり浸かっていたときではなく、その後、戦後史であるとかオーラル・ヒストリーの時代を経てもう一度明治史研究を振り返っている時期に、同じようなテキストを使って勉強させていただいたのかな、というふうに思っております。

そこで、せっかくなのでぜひ一つお伺いしたいのは、「精密実証」と「歴史物語」というまさに『明治史論集』の帯にも書かれていることに関してです。私の学生時代、二〇〇七～一〇年頃の御厨先生は、いわゆる「精密実証」であるとか、特に若手研究者のタコツボ的研究に対してかなり批判的であったように記憶しております。『明治史論集』にも収録されていますし、『日本政党史論』の解説（原題＝「解説　升味史論体のコスモス――〝自然さ〟の感覚を求めて」、新装版第一巻巻末、二〇一一年）であるとか、あるいは佐藤誠三郎『死の跳躍を越えて――西洋の衝撃と日本』新版（千倉書房、二〇〇九年）の解題にもそのように書かれているかと思います。

ところが、今回寄せられましたいちばん初めの文章（「序――明治は遠くなりにけり」）を読んでいますと、どうも「精密実証ばかりではいかん」というタッチよりは、一九八〇年代に「精密実証の部分と物語をどうやって調和させるか」ということに苦労していた、あるいは格闘していたという感じがあるとともに、現在でもそれは問うていかなくてはいけない課題である、というふうに論じられている気もします。

そこで、御厨先生の中では現在、一つひとつの書簡、まさに原資料を見ながら自分自身のイメージを形成していくような作業、あるいは先行研究の蓄積を意識しながら分析するということと、大きな流れを示すということについて、どういう可能性を感じていらっしゃるのでしょうか。最近ですと、お隣の前田さんもそうですし、佐藤さんや私もそうですが、「精密実証」というかたちをとりながら改めて明治史研究をしようとしている若手もいるかと思いますので、そのあたりの可能性について現在の御厨先生の見立てを教えていただければと思っております。

御厨　とても難しい話になりました。確かに私は「精密実証」ということをずっと追究していたと思います。本当に細かい、松方正義であるとか井上馨であるとかという人たちの手紙や覚書

（メモランダム）の類《たぐい》、さらには日記というようなものを突き合わせる。そして、その突き合わせた中からどういう事実がわれわれの手にこぼれてくるのかを追究するということは、最初から心がけていましたし、それが歴史研究のあるべき姿だというふうに思っていました。

しかし、さっきから言っていますように、それをやってそれを貫いたときに見えてくる歴史像というのがうまく現われてくるのかというと、『明治国家形成と地方経営』あるいは『首都計画の政治』ではたまたま割合うまくいったわけですが、時代を変えたときにどうもうまくひとつの大きな形になって現われてこない。つまり、「実証」はするんだけれども、その「実証」は何のためになされたのかと思われるような感じになり、「実証」のプロセスがいろいろ書いてあっても全体像がなかなか見えない。己自身の論文を反省してみてもそういうところがある。

そういうことから、これはやっぱり最終的に、先ほど坂本さんが「文体が……」と言ってくださいましたが、どういう文体で、あるいはどういうふうに歴史に迫っていくかが重要だろうと……。たとえ精密にいかなくても、つまりそこが全部実線で引かれないなら点線でもいい。点線で引かれないならその点線の可能性は三つぐらいあってもいい。そこでエイッとまとめてしまう。そして皆さんに読んでいただく。そういうほうが面白いのではないかというのが、私が「歴史物語」と言った部分です。

しかも、そういうことに関して言えば、関心の向きはちょっと違うかもしれませんが、既に多くの歴史小説みたいなものがそういうかたちで書かれていて、「まあ、事実はともあれ面白ければいい」ということになるわけです。歴史小説とまでいかないまでも、それに対応するような、対抗できるような文体を編み出してやっていかなくてはいけないのではないかということは、八〇年代の後半に「地方制度改革と民権運動の展開」あるいは「一四年政変と基本路線の確定」を書いたあたりでも多少意識していた気がいたします。

ですから私自身のことで言えば、かなり硬い感じの――先ほど坂本さんは「硬質」と言われました――「硬質な」文章から、九〇年代以降はそれが若干変わっていった。自分自身でも変えたなと思うところがありますから、頭の中でずっとその格闘をしていた。そして、「精密実証」というよりは「物語」性を追究する、なんとなく腑に落ちるような文脈を作る、という方向にだんだんと行ったのではないかという気がしています。

戦後をやる第二部のセッションのときに話が出るかもしれませんが、戦後とか、もっと言えば戦前であっても、私は実際に資料をそんなにたくさん読み込めないと思うようになった。資料はいっぱいありますから、これを読んでいたら一生かかっても足りないみたいなところがある。では、どうやってその時期を押さえていくかということを考えたときに、私は「精密実証」よりは「物語」ができるような話にしたらいい、という方向をとったような気がします。

そして、九〇年代のまさに終わりから二〇〇〇年代初めにかけて出た中央公論のあの「日本の近代」のシリーズで『明治国家の完成　一八九〇〜一九〇五』（二〇〇一年）という一冊を書いたときに、そこをようやく少し通り抜けることができました。実はこれを書くときが七転八倒でした。もう二〇年も経っていますから当時のことは皆さん忘れていますが、シリーズで最初から三番目に出るはずなのに私は、いちばん最後に出すというとんでもないことをやった。いまでは私も重々しい歴史家のように締め切りをほぼ必ず守って本を出していますが、このときは、シリーズの第三冊目だったのにそれが出ない。とにかく書けないんです。どうしても書けない。「これとこれとこれが書きたい」というのがあっても、それが文章化できない。僕は時々そういう悩みに陥ることがありますが、このときもそうでした。

結局三年遅れかな、いよいよ、私のが出ないとシリーズとして完成しないという状況にまで陥ったときに、「なんとしても完成させる」ということであれこれやりました。あれこれやると書けるもので、最終的に出したのが二〇〇一年でした。二〇〇一年に出したとき、「物語」というところにかなり重点を置いて書くことができた、という印象を持っています。ですから、同じ明治史の中でもたぶん、ここでそういうかたちの一つの大きな転換があったのだろうと思っている次第です。

佐藤　いま八〇年代から九〇年代に話が伸びてきたところですが、坂本先生、八〇年代に「精密実証」により一層近かった時期の御厨先生の研究をずっとご覧になっていて、そのあとの方向性といいますか志向性が変化していくのを、どのようにご覧になっていたかというのをぜひ伺ってみたいと思うのですが。

坂本　若いときは「精密実証」をやるべきだと思います。

都立大のとき、御厨先生に教わったことのひとつは、資料というのは偶然に残るものだから、どこまで詰めても一定の限界がある。詰めても詰め切れない領域というのが残る。しかし「それでもできる限り詰めるのが歴史学の基本である。しかし、それだけでは歴史にはならない」ということです。「歴史研究にはなるけれど歴史にはならん」と。その「歴史研究」と「歴史」の間がどういうものかわからず、悩みました。また、「歴史は物語である」ということも言われて、「物語とは何だろう」ということを自分なりに考えた時期もありました。

それから、研究者の年齢による成熟、役割分担ということもあると思います。若くて馬力も時間もたくさんあるときは、できるだけたくさんの資料を読み突き合わせて精密な実証研究する、ということは当然やるべきだと思うし、それなくして一人前の研究者になれるとは思いません。しかし、年齢が上がると、どうしても学内行政とかいろいろ余計な仕事が入ってきて、研究時間が制約され短くなって、体力も落ちてくると、若いときと同じようには研究できなくなります。ただ、多少人生経験も加味されて、その分視野が広がったり認識が成熟してきたりするということもあるのではないかと思います。

御厨先生を私がどういうふうに見ていたかというと、すでに高い完成度を備えられていたが故に、むしろその殻を破るために積極的に新しいことにチャレンジされているように映りました。先ほど、『明治国家形成と地方経営』とか「大久保没後体制」の文体がかなり完成されていると感じたと話しましたが、御厨先生ご自身は同様の視角や文体で研究を続ければ、他の時代やテーマでもそれはそれなりにやれるんだが、それでは「金太郎飴みたいに同じものばかりになって、ワクワクしない」という感じでおられたのではないかと思っていました。

あの当時の都立大には文章家の先生方がたくさんいらっしゃいました。例えば先ほど佐々木さんも言っておられた升味先生のような、ある種「資料離れ」みたいな語り口もあった。そういう環境の中で、「実証分析」と「物語性」を融合させようという御厨先生の最初の試みが『首都計画の政治』だったのではないか、と思います。

他領域との対話――都立大学時代（2）

佐藤　現在のほうまで話が伸びてまいりましたので、「現在から見て」というお話に移りたいと思いますが、その前に、せっかくフロアにもその当時をご存じの方がいらっしゃいますので、御厨先生、もし「この方の証言は聞いておいたほうがいい」という方がどなたかいらっしゃれば、キラーパスを送っていただいてかまいませんが。

御厨　いや、そんなことをするとこの部屋を出られなくなりますから、そういう怖いことはしたくないですけれども。あの頃の私が何をしていたかということを知っている方といえば、今日は当時の政治関係の先生方には来ていただいていないのですが、法律のほうから渕倫彦先生が来ておられるはずです。渕先生が、当時の私のことをどう見ておられたのかわかりません。変な奴だと思われたかもしれませんが、八〇年代の一〇年間、どんな感じだったのかということを、もし証言していただけるならお願いしたいと思いますが。

渕倫彦　私は法律のほうにおりました渕と申します。御厨先生よりは六年から一〇年ほど上でしょうか。先ほど御厨先生からお話がありましたように、昔の都立大学は本当に良い大学だったと思います。もちろん、図書予算などきわめて貧弱なうえ、既存の図書もほとんどないに等しい状態でした。私がある法制史の先生に「都立大大学に決まりました」と報告しましたところ、「君、あんな資料のないところによく行くね」と言われたのを記憶しています。しかし、その反面で、若い研究者を育てる環境は抜群でした。教授の先生方は、「君たちを優先したほうが良いから」と言って、少ない図書費を助教授に優先的に配分してくださいましたし、なによりも、研究者としての心構え、つまり研究とは独創的でなければならないということを、身をもって教えてくれる先生が数多くいらっしゃいました。民法では医事法の分野を開拓された唄孝一先生や自動車事故損害賠償法、環境法の分野の先駆けとして活躍された野村好弘先生がいらっしゃいましたし、政治学の領域では、「私は原書は読みません。翻訳があればすべてそれで済ませます」と断言されて、あらゆる分野の文献に目を通されているのに驚かされた博覧強記の政治史家升味準之輔先生や、「人民日報」の分析を通じて現代中国の政治を検証された岡部達味先生などのお名前を思い出します。御厨先生がオーラル・ヒストリーという分野を開拓されたことを知ったとき、これも都立大学の研究環境が少なからず貢献しているように思われて、感慨ひとしおでした。

それから、政治学の「総合演習」という若手を鍛えたり、いろいろなことを教わったりするのにとても良い研究会がございました。私は法律学科に所属していることを余り気にせず、その研究会にはずっと出席させていただいて、御厨先生のお話もよくお聞きしました。若い頃の御厨先生の最初の印象は、ずいぶん勇ましい、自信たっぷりの助教授だな、というものでしたが、御厨先生から「こういう資料についてどうしたらよいか」というお話を何回か伺って、公文書だけでなく会社関係の資料まで丹念に当たられたうえでの自信満々だということがわかり、随分うらやましく感じたことを思い出します。いまでこそインターネットの普及や国家の代表的な図書館に所蔵されている資料などのデジタル化が進み、西洋法制史の分野でもいわば「生の資料・史料」を検索することができるようになりました。しかし、当時は、西洋史の専門家でさえ「史料とはすなわち法令のことです」と言っていたくらいですから、西洋法制史の分野では印刷物として公刊された法令が最大かつほとんど唯一の史料でした。ですから、御厨先生の資料集めには感心すると同時にうらやましく思ったという次第です。

「総合演習」に出席していたご縁でしょうか。御厨先生からその後たびたびご著書をいただくようになりました。私は御厨先生の演習に参加したことがございませんので、正確なことは申し上げられませんが、御厨先生の話は随分わかりやすいという印象をもっています。法律学科の先生には、易しいことをあえて難しく言うという変な伝統がありまして、そういう物言いの中で生活していますと、易しいことを易しく言うための努力をしなくなります。しかし、御厨先生の書かれたものを読ませていただくと、わかりやすく言うための配慮が行き届いていることに感心させられます。少し前のことになりますが、『明治国家の完成』を拝読した折に、「国語の成立」という問題がきちんと取り上げられていることに感激いたしました。皆さまもご承知のとおり、ヨーロッパでは、近代国家が成立するためには「国民」概念の成立が不可欠でしたが、その「国民」が成立するための重要な要因として国語の成立ということがございました。日本の近代国家の形成に際して、国語の成立がいかほどの意味を持っていたのか、さらに検証してみる必要があるのではないかと思いますが、明治国家の成立・完成の解説の中に、国語の成立も忘れずに挿入しておくところが、いかにも御厨流のわかりやすさのための配慮なのではないでしょうか。

御厨先生については、まだまだお話しすることがたくさんあるように感じますが、素人の私などが先生の学問について口を挟むことはできませんし、先ほどどういう関連でご指名があったのか、もう後期高齢者の仲間に入りまして、その理由もだんだん忘れてきましたので、話が長くなるといけませんから、この辺で失礼させていただきます。

御厨　ありがとうございました。

掘り起こされた〝お宝〟を振り返る――御厨貴

佐藤　だいぶ時間も過ぎてまいりました。今回改めてこの『明治史論集』をまとめる中で、御厨先生も冒頭の「序」やそれぞれの文章につけられたコメントなどで、「こんなことも書いていたのか」とご自身で書いていらっしゃるところがかなりたくさんあります。いま改めて〝お宝〟のように出てきたものを見てどういう感想を持っていらっしゃるのか。二〇一七年の現在から見たときのお話を簡単に伺いたいと思います。まず御厨先生からお話しいただけますでしょうか。

御厨　だんだんと自分を自分で解剖するような話になってきて、なかなか言いにくいところもありますが、この本の「序」にも書きましたし、いろいろなところでも触れましたが、本当にこんなに書いているとは思いませんでした。二〇代、三〇代というのはそういうものかと思いますが、書いたそばから忘れていく。書いたものを読んで、「これは本当にすばらしいな」と思うことはないのであります。要するに、書き終わったら見たくないんですね。意識として本当に二度と見たくない。だから、私は当時、（いまでも手書きですが）手書きの原稿を送ってしまってゲラを二度ぐらいまで見て、本になったり論文集の形になったりしたらほとんど見なかった。もうほかのことをやっていますし、興味がない。

ですから、ここにあるようなもの、例えば年譜の八三年のところにある「明治国家形成期の都市計画――東京市区改正の政治過程」（『明治史論集』第I部第6章二）、それから「〝水系〟と近代日本政治」（同上第6章三）、さらに「地方の時代と明治の地方官」（同上第5章二）とか、そういうものも含めて、これらは決してそんなに長い文章ではない。先の見通しを短く書いたような文章なので、恥のかきすてみたいなものです。実証もしないで書いてみて全体がどう見えるかというのをとにかく問うてみる、というかたちでやってきましたから、自分の頭からは本当にすっぽり抜けているというのが正しい言い方だと思います。

ただ、都立大との関係でいいますと、印象に残っているのはむしろ書評のほうです。年譜には書いてありませんが、『明治史論集』の第Ⅱ部書評編の中でいうと五番目、特許庁編『工業所有権制度百年史』上巻についての紹介、それから六番目、『高橋是清遺稿集』、『高橋是清関係文書』というものがあった。亡くなられてしまいましたが、法律学商法の渋谷達紀先生に勧められて、渕先生なんかと一緒にこれに取り組みました。

これまた思い出しますが、私がこれを論文に書く前ですね、「こういう資料を見つけたからこんなことができそうだ」という話をしに行ったときに、渋谷先生が「御厨さんのその話は高橋是清ですね。高橋是清は実は特許もやっていて……」と言って、「特許関連の資料や何かはこのへんにありそうだ」みたいなことを伺ったんです。当時都立大にも、高橋是清が突然ペルー銀山の開発に行ってすってんてんになって帰ってくるところまでの手紙などがありましたし、特許関係のみならず高橋是清の資料自体を追ってみようということをやったりしたのも、このときだったと思います。

高橋是清の日記なんかも一部ありましたが、そういうものを追ってもしその全体像がわかったらよかったのでしょうが、私はそういうところまでいきませんでした。いままさに前田さんがやっているような高橋是清の戦前の日銀時代とか何とかをもっと先にほじくり返していたかもしれないな、と思ったりしています。いまから考えるとそう思うのであって、まだ手を着けていないものに手を着けられたら本当にいいかなという気もします。

当時随分資料探訪を行って、高橋是清の資料は最終的にはどうも東京都の公園、都立の公園は幾つもありますが、浜離宮のあたりあるいは六義園、そういうところの倉庫の中にあるという証言にたどりついて、幾つか見に行きました。しかし、そんなものはまったくなかったですね。あれがどこへ消えていったのか。そこからあとの資料探索はあきらめましたが、そこを真面目にやっていたらまた違う話が出てきたかなという気もします。とりとめなく言うとそんな感じです。

掘り起こされた〝お宝〟をみる——前田亮介

佐藤　いま高橋の話が出ましたが、高橋の日記の翻刻もされている前田さんにここはぜひその点も伺いたいと思います。『明治史論集』の解題では御厨史学の構造的な変化について抽出してお話しされていますが、今回刊行されたものをご覧になって、現在の明治史研究からどのような評価が可能で、どういったご評価をされているか、ということをお話しいただけますでしょうか。

前田　前田でございます。先ほどラブレターの作者というふうにご紹介いただきました。そういう私的な愛情を投影させたとは特に思っていなかったのですが、もちろんテキストは書いた著者の主観から離れて受容されるものです。その点をふまえたうえでちょっとお話しさせていただきたいと思います。

　御厨先生の一九八〇年代のお仕事を貫くのは、ある種の最も洗練された「帝国主義」（これは五百旗頭薫先生のお言葉ですが）だと思います。明治史自体の語り方、特に国家形成期の「統治」や「権力」を論じる語り方を決定的に広げていかれた。ハンナ・アーレントの『全体主義の起原』第二巻「帝国主義」のエピグラフに、「できることなら私は星々を併合しようものを」というセシル・ローズの言葉が引かれていますが、まさに星々をも併合する勢いで、世界のあらゆるフロンティアに魅力的な外延を見出して対外膨張されていく、ということがあったと思います。

前田亮介氏

　高橋是清についてはあとで話すことにして、今回特に私が非常に面白かった点についてお話しします。八〇年代の時点の論文で意外に思ったのは、「明治国家」という言葉は何回も出てきているにもかかわらず――坂本先生は先ほど、御厨先生が「明治国家形成史」とか「形成期」というジャンルを新たに作られた、とおっしゃっていて、これはまったく同意見なのですが――、実は「明治国家とはいかなる国家なのか」といった、国家論や国家の性格規定のようなところにはあまり踏み込んでいない、という気がしたことです。もっとも、いわゆる「黒本」［御厨教授周辺の研究者の間では『明治国家をつくる——地方経営と首都計画』（藤原書店、二〇〇七年）を指して「黒本」の呼称が使われる。同書は『明治国家形成と地方経営』及び『首都計画の政治』の合本］では「明治国家をつくることは、統治のソフトとハードをつくり上げていく試みである」といったお話が冒頭の新稿部分に出てきて（「序　楕円の構造と異端の系譜」ⅰ頁）、ここでは「明治国家」から「明治」を切り離して「国家（形成）」論として普遍化していくような基礎づけをされていると思います。しかし、『黒本』所収の二部作においては、初期官僚制のダイナミズムについて語られても、「明治国家」とは何か、ということについて、必ずしも積極的には分析されていない印象を受けました。

ちなみに、御厨先生の師にあたる三谷太一郎先生も「明治国家」という言葉を使っています。とくに、一九九五年の『増補版　日本政党政治の形成——原敬の政治指導の展開』（東京大学出版会、一九九五年）に新たな序を付されたときに、「藩閥寡頭制とは競争的寡頭制である」といった議論をロバート・ダールを参照して提起されています。しかし、これも「国家論」というより「政体論」に近いお話です。

個人的には、東京大学法学部における「国家論」の不在、ということを御厨先生はしばしば批判されてきた印象があったので、いつごろから先生が「国家」を語りはじめたのか、気になったわけです。一九八〇年代に「明治国家」という言葉で意識されていたものと、『明治国家の完成』

を出されたころから同じ言葉で意識されているものでは、もしかしたらニュアンスが若干違っていたのではないか、という仮説です。

今回私は歴史家として、御厨先生はなぜ「国家」を積極的に位置づけるようになったのか、ということをちょっと思いまして、その変化に〝お宝〟が実は少なからぬ貢献をしているのではないかと考えるに至りました。実は、御厨先生はすでに同時期に進められていた昭和史の研究では、「昭和国家論」ともいうべき地平を切り開いていらっしゃって、一九九〇年代の先生の代表作である『政策の総合と権力——日本政治の戦前と戦後』（東京大学出版会、一九九六年）に収録された一九三〇年代の国策統合機関設置問題のご論文（一九七九年）などが典型です。こちらでは冒頭で藤田省三『天皇制国家の支配原理』（第二版、未来社、一九七四年）を引かれていて、大変印象的なのですが、明治に比べて三〇年代についてはどういう「国家」なのかが割と見えるのですね。

「黒本」に関しては以前、苅部直先生が合評会の中で「同時代の多元主義の影響があるのではないか」というような質問をされています。それでいうと、八九年に新川敏光先生が「国家と社会——制度論的アプローチをめぐって」という、アメリカでの制度論を紹介したご論文を新潟大学の紀要で書かれていて（新潟大学法学会紀要『法政理論』二一巻四号）、その中で「「国家」というファクターが光を浴びつつあること」を、ちょうど八〇年代から九〇年代へ、という政治の潮流の変わり目におっしゃっています。もしかしたらそういうポスト多元主義の雰囲気も、先生が「国家論」の必要性を強調されはじめたことの背景に、あるのかなと思いました。

なお、今回の『明治史論集』では、御厨先生は地方官と「地方巡察使」というアクターを論じておられますが、これは特にすごく面白いところです。「巡察使」のほうは『史学雑誌』の新刊紹介ですが（『明治史論集』第Ⅱ部2）、非常に本格的な論考でありまして、「黒本」の時点ですと「地方経営」とか「中央―地方関係」といっても多くは「東京の統治機構」の中で終始する話であったのが、ある種、全国規模に線と面として広がっていくようなところがあります。さらに昭和期の「国家論」においては、御厨先生は「国土計画」の話をされますし、あるいは後藤新平論もあるわけで、そうした昭和国家論なり後藤新平論につながっていくようなピースを、今回の本に載った論考では、それまでの「東京」中心、「統治機構」中心の話とはまた違うかたちで明治史の中に発掘されている印象があり、そこは大変興味深く思った次第です。ですから、「地方官論」も「巡察使論」もそれぞれ非常に魅力的な論点でありながら、このあと研究が深化したわけではないのですが、御厨政治史学の内部では、二〇世紀の「国土計画」とか後藤新平の「植民地」とか「東京改造」の論考を準備していくところがあったのかもしれません。

今回の本の第二のウリは「鉄道会議」の部分であります（『明治史論集』第Ⅰ部第6章補「〈座談会〉鉄道会議の群像と近代日本の形成」）。明治中期に「鉄道会議」というある種の審議会みたいなものができてきます。御厨先生はそれまでに「黒本」でも元老院を論じられていますが、帝国議会や国会とは違う、統治について語り合う会議体の分析はその後あまりされていないと思います。これなどはやはり戦時戦後の「国家論」に生きていくような側面があったのかなと思っておりま

す。

　このように見てくると、御厨史学の形成期といいますか、八〇年代には必ずしも輪郭がはっきりしていなかった「明治国家」の「国家」としての特徴のようなものが、その後の昭和史のご研究で、『明治史論集』における発掘にも支えられるかたちで開花し、その諸成果が今度は『明治国家の完成』や「黒本」の誕生の過程で明治史研究に還流してくる、そうした経緯で「御厨国家論」が次第に立ち上がってくるような印象を受けました。

　そして高橋是清についてですが、先ほど御厨先生は「大久保没後体制」論文について、財政史、経済史と隣接したフィールドで一回試みたものの、向こうのディシプリンの自律性がそれなりに大きかったという徒労感があり、だからいまから見ると恥ずかしい、というようなことをおっしゃったと思います。それでは、高橋に関してはそういう懸念はおありではなかったのでしょうか。私は、高橋の特に明治の頃の日記というのは、かなり経済的な磁場が強く、自分でもそれをどこか無理やり政治的な文脈で論じてしまっている気がしていました。基本的には経済的な論理で動いている部分が特に明治期には大きい人であるという印象があります。そういう意味で、「帝国主義」と「領域の越境」というのは御厨先生が独自に拓いた道だと思いますが、政治史研究と経済史・財政史・金融史といったものとの関係の付け方に関して、何かお考えがあれば伺いたいです。

御厨　いろいろ言っていただいて、なるほどと逆に思っている次第です。高橋是清のときは、金融史であるとか何とかという具体的なところにまだ行き着かない。そこに行き着くまでの資料をとにかく探すこと、それが私にとってはかなり大きな仕事だったような気がします。まずそれを集めてそこから一瀉千里にいろいろやっていこうと思ったのですけれども、なにしろそこに行き着かない。あの当時、たしか都立戸山高校の隣にあった東京都の公園関係の役所にまで行って、そこの古い資料を見て、その昔六義園にはどこのあたりに倉庫があったのかとか全部調べました。

辛うじてわかったのは、幣原喜重郎とか三菱関係の資料はどうもその辺にあったらしい。三菱関係の資料を空襲のときにそういうところに運び込んだ。運び込んだときに、ついでに二・二六であああいう状況になったときの高橋是清の資料も一緒に運び込んだ、という話までは聞いたんです。ところが、それがどこへ行ったのかというのがわからないまま、ついにこっちの腰が砕けてですね。あの頃は随分いろいろなところを歩き回って聞いて回ったのですが駄目になっちゃった。そういうことで残念だったですね。

ただ、はっきりしているのは、二・二六が起きる直前に高橋は家の倉庫の資料の整理を始めて、かなりの部分の整理ができたと新聞に話しているんです。二・二六に遭って、さて、その倉庫がどうなったのか。港区立赤坂小学校のところに高橋是清の家の跡地があります。いま東京都小金井市の江戸東京たてもの園に持っていったけれど、資料はなさそうですから、やはり二・二六とともに高橋の資料はなくなったのかなという感じで僕はおしまいにした。やっていけばたぶんおっしゃるように、高橋を理解するうえでは経済史とか財政史、金融史がわからないと、ということが問題点になったろうという気がしますけれども、前田さんのほうがもうどんどん先へ行っちゃって、私自身はとにかく高橋是清の資料にたどり着く前に倒れたということです。残念だったですね、もうちょっとやっておけばよかったかなと思いますけれど、失敗しました。

佐藤　いま、前田さんから将来の〝お宝〟みたいな話も若干あったと思います。前田さんご自身も、研究のうえで御厨先生の史学をかなりご参考にされている部分があると思います。今回この本を作るお手伝いをされたというか、ほぼ作られたと言ってもいいくらい深く関わられる中で、どういう〝お宝〟を見出していらっしゃるかということをお話しいただけますか。

前田　もちろん先ほど申し上げたような興味深い未知の論点は多々あるのですが、私が小さなものも含めて編纂に協力させていただいた際の一つのモチーフは、「御厨貴の思想史」といいますか「歴史叙述の思想史」を編む一つの試みというものです。御厨先生ご自身がいまも不断に変化されているので、その時点までの、という留保は常に付くものの、日本政治史学史にとって重要な作業だと考えました。また御厨先生の八〇年代のお仕事は、あらゆるものを併合しようという熱気がただよっていて、少なからぬ読者（特に専門家）が、圧倒されたまま吸収する余裕もなく、ただものすごい研究だということはわかるので、多少の反発含みで「敬して遠ざける」ことになりがちです。そうしたとき、御厨先生のある論文ではこう書かれているが、別の論文ではこうある、といった問題意識や評価の変遷を追うことで、いろいろ新たに見えてくるものはあるのかなと。自分の研究にとってこの本が特に、というよりもむしろ、そうした学界の「公益」への関心が強いかもしれません。

掘り起こされた〝お宝〟をみる――佐々木雄一

佐藤　長らくお待たせしてしまいましたが、佐々木さん、今回この本の現在における受け止め、さらには、今後発展できる可能性がそもそも発見できるのかできないのか、というようなことも含めてお話しいただければと思います。

佐々木　ありがとうございます。御厨先生は明治史の研究をなさってきたわけですが、そこで特に焦点が当たっているのは明治一〇年代、明治国家形成の時期だと思っております。一方私は、憲法が制定されてからの明治国家というものをどういうふうに考えるのかというところにおいて、制度設計よりもむしろ運用の部分にダイナミズムを見出したいと考えています。そこで重要になってくるのが、御厨先生はあまりお書きになっていませんが、外交です。先ほど坂本先生のお話

前田亮介氏、佐々木雄一氏

[illegible]は陸奥宗光に関心をお持ちだったとのことです。外交におけるリアリ[illegible]ある種の[illegible]を分析していく際にも、御厨先生が一九八〇年代になさったような、[illegible]日記を読み込んで政策決定過程を明らかにしていくことは、必要な要素になるだろうと思っております。

この本を読んでいて面白かったところは幾つかありますが、その一つは、「大久保没後体制」が失敗作であったとご自身でお感じになっているということです。また、今日のお話の中でも「いや、ここのところはうまくいかなかった」というようなことをおっしゃっています。私自身はこれまでに、そういうお話を聞いた記憶があまりありませんでしたので、ハーバードに行かれて、オーラル・ヒストリーに出会い、こういうふうに転換して、という部分だけでなく、いままでの手法である種うまくいかない部分もあって変化があった、ということがわかったのは、自分自身の研究を進めていくうえでも励まされたような気持ちになりました。

質問というかたちでもう一つ伺いたいと思っていたのは、この本を読んで私が面白かった第I部第7章の「日本政治における地方利益論の再検討」に関してです。これは『レヴァイアサン』に書かれたものですので、ある種政治学的な関心が出ているのかもしれませんが、今回の年譜で見ますと、まさにハーバードに行かれる直前、明治史研究をたくさん書かれている中の最後のところに位置しています。この文章は、実際にある研究対象を分析したというよりは、「こういう研究の方向性があるんじゃないですか」という感じのものだと思いますが、折り目正しさというか、「こういう研究とこういう研究があって、先行研究の流れはこうで」というかたちでまとめながらも、人があまり使わないような少しジャーナリスティックな文章のようなものも取り上げて、「こういう研究がありうるんじゃないか」ということを長期的スパンで見せている。そういう点で、その後の御厨先生の語り口を結構見せているのかなという気がいたします。

また、この中に出てくる星亨、原敬、田中角栄ということでいえば、その後も御厨先生は田中角栄に関心を持ち続けていらっしゃったと思います。また、はっきりとは文脈を思い出せないのですが、「いや、原敬が鉄道を利用して、それを広げていくことによって票を集め、政党政治を展させて、地方利益も充足させてなんて、そんなきれいなものじゃないんだよ」というような年か前に伺った記憶があります。

れるところなのかこのあたりに示された内容は、ここで途絶してしまったものというよりは、こ何かのチャンスに資料と巡り合えば、今後も研究していこうと思わが注目したのは第7章「日本政治における地方利益論の再検討」でしたが、ここに収められている論考の中で、御厨先生として「これはチャンスがあれば再度携わってみたい」と思われるところがありましたら、ぜひ伺いたいと思います。

御厨　ありがとうございます。「まだやれ」というお話でございますが（笑）、明治史に戻るというのもこれまたなかなか大変でありまして、土地勘というものがありますからね。今回これを拾ってみることによって、ある種「こうだったかな」ということは思いますけれども、「じゃあ、次はここに斬り込もう」というようなところは、うん、そうですね、いますぐに言えと言われてもないかなという感じです。

むしろ面白かったのは第7章を取り上げていただいたことです。この「日本政治における地方利益論の再検討」という論文は、私にとっても非常に印象に残る文章であります。それは、いま佐々木さんが言ったように、かなりの玄人筋しか読まないであろう論文から題材をとっているということと同時に、こうやって八艘飛びのようにやっていく、つまり明治と戦後を結びつけるような話というのは、よりジャーナリスティックな文献ないし論文を同じように引用しないとおそらくはできないだろう、という感覚がありまして、そこでかなり冒険をしたつもりがあります。

冒険といえば、私は実はここでもう一つの冒険をしております。『レヴァイアサン』第2号と書いてありますでしょう。政治学をやっている皆さんにとって『レヴァイアサン』というのはいまや、ごく当たり前に目の前にある雑誌だと思っておいででしょうが、第1号ができた当時は（一九八七年）、小さな話ですが、東大の法学部、いわゆる法研出身の政治の関連の学者にとっては大問題だったんです。「関西がついに雑誌を作って党派としての宣言をした。この連中に対抗すべし」というような変な話があって、「これに対抗して東京でも政治学の雑誌を作るべきだ」とか何とかという議論がこのころちょうど起きていたんですね。それを思い出しました。

そうしたら敵も然る者で、「東京の主流ではないけれど周辺にいてふわふわしているやつをつかまえたらいいだろう」というので、村松岐夫先生に私がつかまりまして、「頼むから書いてくれ。これは東西融和である」と言われたんですね（笑）。東西融和と言っても、これに書いたら何か言われるだろうなと思いましたが、仕方ありません、私もたまたまこういうことを書きたいと思っていたので村松さんに話しました。そうしたら、「ぜひそれを書いてほしい」と言われて、論文として載ることになったわけです。

そして具合が悪いことになりました。私はそのことをずっと黙っておりましたら、政治史研とかいまでもやっていますね、ああいう研究会のあとにわれわれより上の先生が「いよいよ村松一派が本を出したが、まさかこれに書いているやつはいないだろうな」とか言うわけです。そこでおずおずと手を挙げて、「あの、ちょっと書きましたけど」と言ったんです。「おまえ、ちょっと言って何を書いたんだ。書評でも書いたのか」、「書評ではないですけど、ちょっと書きまして」と言って逃げたんですよ。逃げたとは何かというと、八八年に『レヴァイアサン』第2号が出て、八九年にはアメリカへ行っちゃいましたから、そのあとどういうふうにこれが評価されたか知りません。

しかし、戻ってきたら見事に東西融和です。つまり、『レヴァイアサン』に東大系も書くようになっていた。ですから、誰もが忘れていると思いますが、私の裏切りのような『レヴァイアサン』のこの論文掲載がきっかけになって東西融和になった。すなわち私は東西の架け橋であった(笑)。そういう思い出がありますので、そのことを申し上げておきたいと思います。

掘り起こされた〝お宝〟をみる――坂本一登

佐藤　坂本先生、御厨先生は書いてすぐに忘れちゃったというお話ですが、坂本先生はおそらくずっと読んでいらっしゃったと思います。まとめられたものを改めてご覧になってどういうふうにお感じになり、また、今後の可能性についてどのようにお考えになっているかということをお話しいただけますか。

坂本　私は御厨先生の研究をそばで見ていて、研究テーマはいろいろヴァリエーションがありますが、「地方」の問題が一つの大きなジャンルとしてあると思います。「内務省的統治」といいますか、そういう視角から政治を眺める視線をずっと感じていて、いま前田さんは御厨先生とは違う角度から「地方」のことをやっていらっしゃいますが、私は同じテーマをやったらもう全然かなわないということを自覚しておりましたので、逆に「中央」をやるようになったのではないかと、いま振り返ってみると思います。

御厨貴氏、坂本一登氏

また私は、『明治国家形成と地方経営』という業績がまだ十分に学界の共有財産になっていないという気がしています。理由はいろいろあると思いますが、先ほどの先生のお話をお聞きすると、非常に通時的な分析であるということでした。つまり、どの時代にもある程度当てはまるような議論の抽象度があり、組織が中心で、あまり「明治史」的ではないような感じがある。逆に、「大久保没後体制」は、財政史的要素ももちろんあるのですが、いろいろな歴史的人物も出てきて「明治史」として共感しやすい。そのため割と皆に読まれたり、共有財産になったりしたのではないかと思うんですね。

しかし私は、別の仕事の関係で時々先生の本を読ませていただいて、『明治国家形成と地方経営』に含まれている資料の読みと突き合わせの正確さに改めて感激した覚えがあります。そこに含まれている可能性をもう一度翻訳して共有財産にして、「明治国家形成史」を豊かにしていきたいなという気持ちを密かに持っているところです。

おわりに

佐藤　最後に御厨先生に「これから何をしたいか」ということをお聞きしたいと思っていましたが、佐々木君からもう質問で出ていますので、今日の前半の明治史に関する議論を振り返り、皆さんのお話をお聞きになってどういう感想を持たれたかということを、まとめとして簡単にお話しいただけますでしょうか。

御厨　ありがとうございました。さんざん解剖されちゃったわけですけれども、いまでも明治史はやはりなんか遠い感じがします。だから「もう一遍やれ」と言われたら、相当武装してやらなきゃいけないないという気がするわけですね。それと同時に、あのように書簡とメモランダムだけで書けた時代は幸せだったと思います。元勲の手紙がわらわらと出てきて、「この手紙とこの手紙を相互に突き合わせることができる」、「この返事がこれになって、それからまたこれになって、その間に出ている覚書というのはどうもこれらしい」と全部突き止められたのがこの時代です。ほかの時代についてそういうことはなかなかできないと思いますから、それができて非常に嬉しかったな、ということを改めて思っています。

それから、今回の『明治史論集』に関していえば、自分が歯牙にもかけなかった「私の子どもたち」が、それなりに意味合いを持っていまに至るまで皆さんに時折愛されていることがわかり、やはり生んでおいてよかったのかなという感じを持っています。

さらに言うと、学術書評は結構大事だなと思いました。といいますのは、先ほど言った高橋是清にしてもそうですし、自分では議論として到底展開できなかった幾つかのものに関しても、この『明治史論集』第Ⅱ部「明治史を読む――書評編」に入っているものについては何がしか考えたことがある。とりわけ後半の升味さんや佐藤誠三郎さんのものについてはその全体をやったわけですが、それ以前のものに関しても、自分の理屈、自分の歴史研究との関係でどう広げられるか、あるいはどうやったらいいのか、ということを一生懸命に真摯に考えている書評であることがよくわかります。その後私も商業書評はずいぶんいっぱいやるようになりましたが、それに至る前の自分が書いたそれこそ硬質な書評を改めて幾つか読んで、「ああ、初心忘るべからずだな」という気持ちを持ったということであります。

今日いろいろな方に分析、解析していただいて、私としては「ありがとうございました」と言うだけでございます。こういう場を設けていただいて本当にありがとうございました。

佐藤　ありがとうございました。登壇者の先生にも御厨先生にも拍手をお願いいたします。（拍手）

第二部　戦後史学の〝お宝〟探し

『戦後をつくる――追憶から希望への透視図』（吉田書店、二〇一六年二月）

登壇者

河野　康子（法政大学 名誉教授、一九四六年生）
金井　利之（東京大学 教授、一九六七年生）
手塚　洋輔（大阪市立大学 准教授［＝当時、現教授］、一九七七年生）
＋
御厨　貴（東京大学先端科学技術研究センター 客員教授、一九五一年生）
司会＝佐藤　信（東京大学先端科学技術研究センター 助教、一九八八年生）

はじめに

佐藤　それでは、第二部を始めたいと思います。
さて、話は突然変わり『戦後をつくる』をもとにして戦後を扱うセッションになるわけですが、書かれた時期も第一部とは異なって八〇年代末から二〇〇〇年、つまり九〇年代前後に書かれたものを扱うことになります。御厨先生のご経歴からいいますと、都立大学から政策研究大学院大学に移られる時期になりますので、その時期をよくご存じの先生方にお越しいただいております。

はじめに、前半と同じように登壇者の先生方を簡単にご紹介させていただきます。左から、前半から続けてお疲れだと思いますけれど、御厨先生です。

そして、河野康子法政大学名誉教授です。よろしくお願いいたします。河野先生は、都立大学で修士をお取りになって都立大の助手、そして都立大で博士号を取得されて、御厨ゼミにも参加されていたと伺っております。坂本先生同様に都立大時代の御厨先生をよくご存じかと思っております。

そして、金井利之東京大学教授です。専門は行政学・自治体行政学でいらっしゃいますけれども、御厨先生とは、東大の助手時代でしょうか、おそらくオーラル・ヒストリーの関係でおつき合いが始まったのかなと思っております。その後、一九九二年から都立大に在籍されて、本書所収の論文執筆時期の御厨先生のご様子もよくご存じだと思います

そして、手塚洋輔大阪市立大学准教授です。ご専門はやはり行政学で、牧原出教授の一番弟子でいらっしゃいます。御厨先生が先端研に移られてから、二〇〇四～〇九年までこの先端研の御厨研究室で特任助手・助教として在籍されました。本書所収の論文につきましてはあとから触れたものが多かったという若手の世代でありますす。若手世代の代表としてお話しいただければと思っております。

「戦後五〇年」の時代の影響（一九九〇年代）

佐藤　早速ですが、一九九〇年代前後の戦後の政治学、戦後史学の状況、そして、もともと明治を中心に研究されていた御厨先生がどのように戦後政治学に入っていき、そのとき何が念頭にあったのかというようなことを、まず御厨先生からお話しいただければと思います。よろしくお願いします。

御厨　今度はいきなり飛んで戦後です。整理をしてみて傾向性があると思うのは、九〇年代に書いたものが多かったということなんですね。とりわけ九五年前後に書かれたものが非常に多い。年譜にも出ていますが、『政策の総合と権力』（東京大学出版会）、『東京』（読売新聞社）、『馬場恒吾の面目』（中央公論社）などの出版があり、そして、戦後について書いたものがこのへんで一挙に出たという印象があります。これはやはり「戦後五〇年」という一つの区切りがあって、この前後に「戦後を振り返る」という企画が多かったからです。アカデミックな世界では岩波書店などもそういうことを試みましたし、新聞や雑誌はこぞって「戦後五〇年」というものをかなり肯定的に捉えていた。やはり時代というのはあるんですね。バブルは崩壊したけれど、まだ勢いがあった。だから、「右肩上がりはもう駄目だよ」という説もありながら、しかし「まだまだ大丈夫だよ」というときに「戦後五〇年を振り返る」という時代的雰囲気がありました。私はそういう

ものにかなり左右されて、年譜に書かれているようなものを書いたんだな、という気がします。四割ぐらいはこの時期に書いたものでありまして、それ以外にちょっと時期が飛んでいるものでも九五年前後に発想を得たものが多いということは、申し上げておいたほうがいい話かなと思います。

何をどう書いたかというのはあとでまたお話が出るかもしれませんが、とにかく「戦後」というものに突然突入した。「地方利益論」の話が第一部の最後に出ましたが、このへんからもう田中角栄なんていうのが僕の守備範囲にあって、中央公論の戦後宰相のシリーズに書いたものが私の田中角栄論としては最初のものだろうと思います（『戦後をつくる』第4章「「列島改造」をつくる」）。これを書くために随分いろいろなところに行った覚えもあるし、書き終わってからさらに一冊の本にするということで取材を繰り返したというようなこともありました。残念ながら、それは「田中角栄」本としてはまとまりませんでした。ですから、この頃から取材というものも求めて始めたんだなと思います。

さらに、その前後でいいますと、「国土計画と開発政治――日本列島改造と高度成長の時代」（『戦後をつくる』第3章「「国土計画」をつくる」）は『年報政治学』に載せた論文ですが、「田中角栄」の姉妹編というか、開発政治というものを戦後の開発のところから始めて、全総、新全総、三全総［全国総合開発計画（一九六二）・新全国総合開発計画（一九六九）・第三次全国総合開発計画（一九七七）］――四全総［第四次全国総合開発計画（一九八七）］まで書いたかな――あたりまでを視野に入れて書いたものです。このころは金井君と一緒に下河辺淳のオーラル・ヒストリーをあれこれやっていた時期ですので、そういうものの影響を受けています。ですから、オーラル・ヒストリーの影響を受けたものをこの時代からすでにはき出している感じになるかと思います。

オーラル・ヒストリーとしては、最初に出た石原信雄の『首相官邸の決断――内閣官房副長官石原信雄の２６００日』（中央公論社、一九九七年）というものがございますし、後藤田正晴の『情と理――後藤田正晴回顧録』（講談社、一九九八年）などというものもある。

それらのものをやってきて、機振法（＝機械工業振興臨時措置法（一九六一年））の問題もここで書きました（『戦後をつくる』第５章）。

さらには、九五年のあの阪神・淡路大震災のときに、復興委員会の下河辺淳委員長と並走した「同時進行」オーラル・ヒストリーというものをやって、それがこのときお目見えをした。論文にも書いちゃいました（『戦後をつくる』第８章）。これは「一〇年経たないと出ないよね」と言ったものを五年ぐらいで出しちゃったという印象があります。

九五年を中心として書かれた自分の論文全体を二〇年経ってもう一度読み直してみて思ったのは、「いまだったらこうは書かないよな」ということ。「こんなに楽観的に戦後を振り返るということはやらなかったよね」という感じがします。あのときはなんとなく、もちろん政府批判もあればいろいろな批判はあるけれど、全体としてやはり「戦後を寿《ことほ》ぐ」というか「いろいろあるけど戦後はよかったね」と。「戦後五〇年」の年にオウムサリン事件が起き、同時に阪神・淡路大震災が起きたわけですから、いいことばかりではなかったけれども、その前を振り返ることに関しては皆割合積極的な価値を見出していた。

その後、「戦後六〇年」というものがなんとなくわけのわからないうちに来て、「戦後七〇年」はご承知のような大騒ぎになりました。それに比べると「戦後五〇年」は、ごく当たり前のように皆で寿ぐという意識がそれぞれの論文の中に少しずつにじみ出ている。とにかく私は読んでいて、「こんなに明るい未来を想定していたのか」と思いましたね。「このあともやっぱり日本だね」という基調の下に書いていますよね。「いまだったら絶対にこうは書かないな」と。やはり時代性ってありますね。戦後について書いたものについては、「いつ書いたものか」、「いつの時代の影響を受けたのか」……というのは、あるいは明治のときよりもっと強かったかもしれません。それが、私が全体を眺めたときの漠然たる印象論であります。

戦後史研究のスタート

佐藤　いま九〇年代中心のお話をいただきましたが、本書所収のものでいいますと、「昭和二〇年代における第二保守党の軌跡――『芦田日記』『重光日記』にみる芦田・重光・三木」（『戦後をつくる』第9章「「政党」をつくる」）というものが八七年にあります。このあたりで戦後に足を踏み入れることには恩師の先生方からの抵抗感はだいぶあったのではないかと思いますが、どういう経緯でこのようなものを書かれるようになったのでしょうか。

御厨　そうそう、それを言っておかなければいけなかったですね。八七年に書いた「昭和二〇年代における第二保守党の軌跡」、これは間違いなく『芦田均日記』を読んだことがもとになっています。都立大の大学院で、当時出た岩波の『芦田均日記』を、河野さんも覚えていらっしゃると思うけども（**河野**　よく覚えています）、ゼミの合宿までやって皆と一緒に全部読み切ったんです。それがもとになっています。しかも、この頃はまだ公刊はされていませんでしたが、重光葵の文書《もんじょ》なんかももう憲政記念館に入り始めていて、『重光葵日記』も実際に見ることができました。そんなものを見ながら、「第二保守党論を書いてみよう」と思ったわけです。

ただ、これは論文とするには余りにも粗雑なデッサンですから、たしか『年報近代日本研究』の「研究ノート」にして出したものだと思います。これで、第二保守党の中で出てくる三木武夫とか芦田均とかそういう人たちの昭和二〇年代の姿を非常に大きく浮き彫りにすることができたというのは、私にとってはたいへんな財産になりました。戦後史にどこから入るかというとき、吉田政治から入るのはちょっと大変でした。吉田茂はもう何も残っていませんでしたから。それから、この時期に戦後に入るとすると、ＧＨＱに支配された時期の資料が開《あ》いているということで、占領期の研究会とかそういう角度からの研究はたくさんありました。しかし、そうではなくて「政党からやってみよう」と思った。そして、「何だかわけわからないこの芦田のオッサンというのをやってみよう」と思ったのがきっかけだったですね。
　いまでも覚えていますが、日記の中に書かれている芦田自身による芦田像というのは極めて論理的である。それから極めて感情爆発的である。両方相俟っているんです。「もうこいつはとてもじゃないけれども……」というようなことを言いながら、政策や論理のほうで結びつくとそいつと一緒に一生懸命にやったりする。岸信介と一緒に仕事をしたりしたことも一時期はあるんです。岸は「三木はもうとても駄目だ」というので切ろうとする。そういう中にあって「待て待て」という話とか、日記を読む楽しさを僕はここで覚えたような気がします。
佐藤　確認ですが、先生には初めから「どうにかして戦後に行きたい」というのがあって、その資料を読み始められたのでしょうか。それとも、その資料に取り付いてみたから戦後に行った、という経緯だったのでしょうか。
御厨　いや、僕は最初から本当は昭和史をやりたかった人ですから、当時「いまだったらもう戦後に行ってもいいいな」と思ったのね。先ほど言った『レヴァイアサン』に書いた地方利益論の論文なんかは「もう戦後に行こう」という意図があったから書いたのであって「一九八八年」……。戦後の「国土計画」とか何とかの問題に入っていくその手前の問題として、第一保守党よりは第二保守党のほうがなんとなくいろいろごちゃごちゃしていて面白いのではないか、というのがこれに取り付いた理由です。まあ、たまたまそのときにその日記が出たからやったんですが。そんな印象ですね。

御厨戦後政治史学の特徴――都立大学時代（1）

佐藤　いまお話のあったゼミにまさに参加されていた河野先生、その当時どのようにご覧になっていたかお話しいただけますでしょうか。

河野　河野でございます。私が本当にこの席にいていいのかどうか、いまだによくわからないのでございますけれども、先ほどご紹介いただきましたが、こういう日本語は変ですが、私は御厨ゼミのいわゆる〝押しかけ弟子〟なんです。一九八一年が私の都立大学の修士一年なので、坂本大先輩が二年上にいらっしゃいました。前半のお話で皆さんも共有されたと思いますが、その頃の御厨ゼミでは明治期の資料をどんどん読んで、周りに熱気が伝わるぐらい面白いゼミをやっていました。それで、私は明治なんてまったく知らなかったのですが、とにかく〝押しかけ弟子〟としてゼミに入れていただいてしまったという経緯です。これも私ごとですが、もし御厨先生のゼミに出なかったら、日本政治史なんてやっていなかったのではないだろうかと、いまもつくづく思うんです。ゼミでは毎週、「こんなに面白いものがあるのか」という感想を持ちました。

私は明治がよくわからないのですが、いま先生がおっしゃったとおり、『芦田日記』が出たん

河野康子氏

ですね。それに先立って先生は「政治史というのは政治家の日記、書簡、それから意見書、そういったものがなければ書けないんだよ」ということを常々おっしゃっていて、そこに『芦田日記』が出たんです。それをゼミでやろうということになって、大学院のゼミで合宿までやって皆でワアワア言いながら読んだ。それが私の研究の出発点でした。なんでそんなに惹かれたのかというと、日記資料というのは、ここにいらっしゃる方は皆さんもちろんご存じのとおり、読む人間によって見えてくる景色が違うんです。そして御厨先生の読み方というのは真似ができないんです。その例を二つだけ挙げさせていただきます。

芦田は、一九四八年に片山哲内閣が総辞職をしたあと首相になります。いまでも忘れられませんが、日記の中にこういう一節があります。「私は天下の憎まれっ子」と書いてあるんですね。私は政治史の素人でどういう意味なのかしらと思っていましたが、先生のお話を伺ってやっと目からウロコ。片山内閣は政権を投げ出したわけです。そうすると、後継内閣は当然野党、自由党の吉田に行くべきです。それが憲政常道論です。当時の政治家はもちろん、世論も皆そう思っている中で芦田が登場するので、芦田内閣というのは言ってみれば出生の事情に一抹のレジティマシーの不足といいますかいかがわしさがある。それを先生から伺って、ああ、やっぱり戦後の日記を読むときには、戦後初期の政治家の規範意識としては、政党内閣期の憲政常道論が「あるべき民主主義」として存在していると考える必要があると思いました。

そして、先生はそこも教えてくださったんですが、面白いことにGHQだけはその民主主義イメージを共有していないわけです。GHQは「吉田は保守だ」と思っていますから「芦田でなければ駄目だ」と考えているわけです。このズレというのは、それまでの占領史研究の中ではどなたも指摘されたことがない。日記を読んでそこを教えていただいて、本当に先生の一次資料を読む読みの深さが遅まきながらやっとわかった。そういう記憶を持っています。

読みの深さということでもう一つ言うと、芦田はご存じのとおり、首相を辞めたあと朝鮮戦争勃発の半年ぐらいあとの一九五〇年末に再軍備論を掲げます。問題はその意味なんです。私は単純に「芦田は再軍備論者なのか」と思っていたら、先生は「いやいや、その周辺の政治過程をしっかり見ろ」と言われました。つまり、吉田がもう首相になっていて、国民民主党の芦田をなんとかして引っ張り込んで超党派で講和会議に臨みたい。芦田は逆にそれだけは絶対に嫌なんです。つまり芦田は、自由党（保守）と社会党左派（革新）との間に中央政党が必要、と考えていて、だから、国民民主党が吉田に取り込まれないために吉田の嫌がる再軍備論を掲げるんだと。そういう読みを初めて教えていただいて、これも目からウロコでした。

しかも、そのあとの先生のお話が面白かった。「五〇年一二月の芦田の再軍備論がどこまで芦田の本音なのか。そこが問題だよ」とおっしゃいました。再軍備の看板を掲げると、当時でいうと保科善四郎などの旧軍人が集まってくるんですね。集まって担がれて、五五年体制期の芦田は自民党の中で再軍備論の一翼を担っていくという、非常に皮肉な展開になるんですが、そこも先生に教えていただいてやっとわかった。文字通り不肖の〝押しかけ弟子〟だと常々思っているところです。

それから、ちょうど佐藤さんが振ってくださったので、この「昭和二〇年代における第二保守党の軌跡」のことを思い出話的に少しお話しさせていただきます。先生がちょっとおっしゃったように、これが出された一九八〇年代後半は、戦後史のドミナントな研究はやはり占領改革であり、「占領が民主化だ」というパラダイムがあったと思うんです。そういうパラダイムによれば、「四八年が「逆コース」なんだ。そこで民主化は終わっているんだ」という時期区分をする一つの占領史観があります。そして、一九五二年で占領が終わると、占領のあとが占領史研究からはなかなか出てこない。

しかし、先生は「昭和二〇年代」で括ってしまう。先生の目は、一九四五〜五四年、つまり五五年体制に至る約一〇年というものをまとまった時代として捉える。そういうことをこの論文ではおそらく意図されたと思うんですが、それは非常に衝撃的でした。これは、言ってみれば占領史研究に対するチャレンジとまで言えるかどうかわかりませんが、ある意味その壁を突き破るような意味で出されたご論文です。

また、「第二保守党」という概念は先生がここで最初に打ち出されたと思いますので、私も含めて当時の都立大の院生の中には、「第二保守党」という考え方に非常に大きく影響を受けて研究を進めていった方も何人かあったと思います。さらに、「政治家の一次資料がないと政治史は書けないんだよ」とおっしゃっていた先生にとって、ようやく戦後も歴史の一部になったんだということを鮮明に印象づけられたという意味で、この論文は、短いものですが非常に教えられることが多かったことを覚えています。

それから、第一部での先生のお話で印象深かったのは、この「第二保守党」論文の翌年に書かれた『レヴァイアサン』の「日本政治における地方利益論の再検討」についてです。大学院のゼミでもこのことはしばしばお話しになりました。先生は割合よくキャンパスにいらっしゃって、いまになってみるとご迷惑だったことと思い本当に申し訳ないのですけれども、ゼミでないときでもキャンパスでつかまえてお話を伺いました。そういうときに、「原敬から田中、これはつながっているんだよ」ということを繰り返しおっしゃっていたことを覚えています。つまり、戦前と戦後のつながりをおっしゃっていました。それがこの地方利益のご論文です。

ですから、この「第二保守党」と翌年の「地方利益」、この二本のご論文は、明治政治史をあれだけ密度の濃いレベルでおやりになっていた先生が、戦後もその延長でおやりになるんだということを非常に強いインプレッションとして残した、そういうご研究と思っています。どうもすみません、勝手なことを申しまして……。

河野　ここで第1章のお話もさせていただいていいでしょうか。

この本の構成はもしかしたら吉田さんが主におやりになったのかなとも思いますが、いま申し上げた「第二保守党」の論文は最後の第9章の「「政党」をつくる」となっていますね。先ほど先生は一九九五年が一つのピークとおっしゃいましたが、本当にそうなんです。九五年に発表された「帝国日本の解体と民主日本の形成」（初出＝『占領と改革』岩波書店）が第1章として冒頭に入っています。この構成にはおそらく「御厨政治史学の戦後編にとってこれが代表作である」という吉田さんと先生のメッセージが盛り込まれているのではないかと勝手に思ったんです。

その意味ですが、このご論文が発表された当時のことを思い出しますと、私はこのご論文で先生が「統治」ということを打ち出されたことに、強い印象を持ちました。九五年に出されていますから、お書きになったのはたぶん九三、九四年ですよね。問題は、それが橋本行革以前だということです。九七年、橋本龍太郎総理のときに内閣法を改正して内閣機能を制度的にも強化しました。それから二〇〇〇年代に入って小泉政権が登場して、橋本行革の成果を文字通り自家薬籠中のものにして、ああいうかたちで内閣を強化します。そうなったときに、例えば飯尾潤先生の『日本の統治構造――官僚内閣制から議院内閣制へ』（中公新書、二〇〇七年）も出ましたし、『統治の条件――民主党に見る政権運営と党内統治』（前田幸男・堤英敬編、千倉書房、二〇一五年）というような本も出ました。つまり二〇〇〇年代に入ってようやく政治学者の中で「統治」というコンセプトが大きいテーマになるのですが、先生はそれより五年前にすでに「統治の仕組み」、「統治イメージ」というキーワードを使って「統治」に着目されたと思います。

第一部のお話を伺っていますと、先生は「明治国家形成」ということを出発点にされているわけですね。先生に教えていただきましたが、「明治国家」、「明治憲法体制」というのは多元的な支配なんだと。いろいろな意味があると思いますがすごく単純に言ってしまうと、多元的な明治国家体制、当初は元老が統合主体となり、次に政党が統合主体となった。しかし、その後はその多元的システムの統合主体がなくなってしまう。近衛新体制ではそれに失敗しているんだ、と。

そしてこれも私の勝手な想像ですが、そういうことが前段にあって戦後をご覧になると、先生にとってはやはり「五五年体制における統治の行方」というか「在り方」というものへのご関心が常に通奏低音のようにあったのかなと。それで、世の中の流れが「ガバナンス」とか「統治構造」とか言う前に、いち早く九五年のご論文で「統治」というものをお書きになったのかなと思いました。

ですから、「第二保守党」で私が考えた御厨政治史学というのは、誰にも真似ができない日記や書簡の読みの深さが第一の魅力だとすると、「統治への着目」、これをおそらく先生はいまだに持続していらっしゃると思うんです。しかもそれは、その後にあらわれた二〇〇〇年代の「いわゆる統治構造論」とはちょっと違うのではないか。そこに着目されたというのが御厨政治史学の魅力の二番目かなと勝手に思った次第です。

佐藤　ありがとうございます。あとから読む者には、僕もそういう世代ですが、その当時のインパクトというのが見えない部分があります。そこを存分に解決していただいた気がいたします。

御厨戦後政治史学の特徴――都立大学時代（2）

佐藤　次に金井先生、お願いいたします。多産な一九九五年という時期には在外研究にいらしていたかと思いますが、都立大にいらっしゃったお立場でどのように見ていらっしゃったのか、簡単にお話しいただければと思います。

金井　一九九二年一〇月に東京都立大学に赴任しました。その前の三月、「都立大が採ってくれるらしい」という噂があるときに、なぜか御厨先生から呼び出されました。飯尾潤さんが仲介役的で、私と牧原出君が一緒で、いまはなき本郷の学士会館分館だったと思います。いまから考えると、これは断われないという非常に危ない時期の折衝だったのではないかと思うんですが、そこで下河辺淳インタビューの話がありました。私は助手論文を書き終えた直後で一時的に閑だったのですが、牧原君は助手三年目を迎える直前で忙しいはずの時期です。ちょうどそういう非常に微妙な時期だったと思います。

そして都立大に赴任した当時、私が御厨さん（都立大学法学部政治系スタッフ間では、年配者に対しても「先生」とは呼ばず、「さん」と呼ぶ慣習がありました。同僚であって師弟ではないという矜持です。

都立大を離れたので、通常は「御厨先生」を呼んでいますが、あえて、ここでは、その当時に戻って「さん」とします）の業績をどういうふうに見ていたのか。いまではなく完全にその当時にどういうふうに見ていたのか、というお話をさせていただければと思います。これは、世間一般の話と全然違う話かもしれません。私自身のことしか考えていないような、私の視点からの話になります。

私は都立大に赴任してしまって、「さあ、どうしよう」と思っていました。都立大でいちばん問題だったのは、「都立大に来たら東京や都市（計画）のことを勉強して当たり前」というような意味不明な圧力があったということです。科目名も「行政学」はともかく、もう一つは「都市行政論」という名称です。「地方自治」でも「自治体行政学」でもありません。ちなみに、今日の首大《くびだい》でも「都市行政論」です。実は、東大法学部で専修コース設置とともに開設された特別講義は「都市行政学」です。この名称には違和感があったのですが、都立大学も「都市」を冠していました。

「学問というのは設置者（「設置者」という言葉を知ったのも都立大学ですので後知恵の表現ですね）や立地場所によって左右されるはずがないではないか」とか思ったんですが、「東京

金井利之氏

や都市のことをやれ」というような圧力はそこはかとなく存在していた。赤木須留喜先生（元スタッフ）も、全然東京人でもないくせに東京都政の研究をやられている。福岡峻治先生（都市研究所）は言わずもがなです。行政法の磯部力先生でも都市法と言っておられる。

しかし、「いや、東京に限定した法律なんてあるはずがない」とか何とか言っている人もいます。とはいえ、全く東京とか都市と無関係となると、設置者との関係では非常に困るんです。「じゃあ、なんで都民の税金を使って大学をつくらなきゃいかんのか。要らないじゃないか」という話になる。これがまさに都立大が解体されていく一つのロジックになっていくわけです。

そういう中で、御厨さんがやっていた研究で非常に面白いなと思っていたのは、首都計画の話から始まる「東京」研究の系列のほうです。私は当時、「第二保守党論」はよく知らなかったので、「御厨政治史」というのは主としてそういうものだ、と理解していました。都立大の政治史は「日本政治史」という名前で、東大のような「日本政治外交史」ではないんです。「外交」が抜けている。それがどういう意味を持っているのかよくわからないのですが、東大で政治史をやる人は外交をやる人が結構多いようです。御厨さんは比較的外交をやらないというスタンスをとっていて、しかも国政（国レベルの政治）だけではなく、内政をやる。その内政も、一世代前の三谷先生とか有泉先生がやられていたような「地方利益」または「地方経営」だけではなくて「東京」もやる。このスタンスというのが内在的にどういう意味を持つのかわからないけれども、少なくとも都立大において「東京」をやっているという人がいることは、大きなことでした。御厨さんがいて、辛うじて都立大学法学部政治系が保っているんだろうなと思っていました。

もう一人、江戸体制をやっている人はいましてですね（笑）、水谷三公さんは王室が好きな割には明治維新史観が嫌いな人で、私は、「幕藩体制」と言ったら怒られるわけです。「江戸は夢か」のようにお好きなわけです。勿論、「江戸」といっても、「朱引き」や江戸町奉行所だけを扱っているのではなく、老中から勘定地方系まで、国政・内政全般を扱っておられたわけですが。

そういう「江戸・東京」に対する一つのスタンスというものがあって、私の考えるこの時代の御厨さんの業績というとどうしても、むしろこの本に所収されていない『東京』（読売新聞社、一九九六年）のほうになります。それからもう一つ、「東京のシリーズ」の研究ですね（「シリーズ東京を考える」全五巻）。要は、京都市政の研究があるにもかかわらず、現代東京都政の総合的研究がない、という印象がありました。あとから見てみると実はいろいろたくさんやっていました。美濃部亮吉都政のときには相当かかわって、実践指向の都市研究をやっていましたが。

その当時の私の感覚では、御厨さんの業績は、どちらかというと「都政」問題、「東京」問題を辛うじて切り拓いてくれている数少ない一人であるということでした。だいたい東大に進学するような人は、気宇壮大でグローバルとか世界とか国際のことがすぐに好きになる「大陸浪人」的な人が多いのですが、御厨さんのように、日本政治史の人がもうちょっと足元を見てくれないかな、というような感覚を私は持っていた。そんな時代だったなと振り返っています。

もちろんそれと対立するのが「地方利益」の話で、それは御厨さんが『レヴァイアサン』に書かれた論文です。私も東大助手の若い頃は『レヴァイアサン』をちゃんと読んでいたので、そういう時期があったなあと懐かしく思います。いまになると、そもそもどこにあるのかも知らないという状態になっていて、まったく読まなくなっちゃったんですが、その頃は刊行されれば若者たちの一員として一生懸命読んで、「ああ、御厨先生が地方利益論を書いている」と思っていました。

特に私なんかが興味深かったのは原敬ではなくて星亭のほうです。東京市参事会員にして帝国議会代議士の星亭を描いた。ひょっとしたら、「地方利益」と称するものによって第一保守党が形成されていくのとは違うかたち、「東京利益」というかたちでもう一つの保守党、「第二保守党」があったのかもしれないという意味で、星亭論は非常に面白かった。かつ、彼はテロに倒れるわけで、まさに日本の政党政治を暗示するような人だったと思います。星亭の話は非常に面白くて、その後も『明治国家の完成　一八九〇〜一九〇五』（中央公論社、二〇〇一年）でも再登場します。御厨さんが「東京」にずっととどまってくれたらなあなどと思っています。後で述べます、「場の不幸」の話がたぶんあったのではないかなと思って当時見ていたということです。

ですから、『政策の総合と権力――日本政治の戦前と戦後』（東京大学出版会、一九九六年）とか「国土計画と開発政治」などは、「東京と地方」の関係というかたちで面として扱われている、と見ていたわけです。下河辺オーラルで登場する田中角栄も、「列島改造」とか「地方利益」そのものではなく、革新自治体の攻勢を受ける中での「都市政策大綱」への注目でした。

政治史における「東京」の位置づけが何なのかというのは、「東京都政史」としてやはり未完ではないかなと思っています。御厨さんの『東京』は、前半は非常に政治史らしいのですが、後半になったら、知事ごとにまとめられてしまっていて、あえて語弊を恐れずに言えば、ちょっと流して書いているんじゃないかなというように感じるんですね。政治史だったら、「何とか知事時代」という話じゃなくて、もうちょっと何か切り口があるだろう、きっと次に出てくるだろうと思いながら、「東京人御厨貴」という出自が政治史にどのように影響しているのか、というのはたぶん非常に面白いテーマだったのではないかと感じていました。

当時、だいたいの学者は地方出身だったんです。東京生まれ育ちでも、地方に疎開しています。それは日本の状況をあらわしています。その後、だんだん首都圏出身者が多くなってきますよね。私は、東京圏の人間ではあるけれども東京の人間じゃないんです。人口比で言えば、東京じゃなくて東京のサバーブ（郊外）にいる人間が増えていきます。しかし、御厨さんはいわば生粋の「東京人」と言っていいと思うんです。「そうじゃない」とおっしゃるかもしれませんが（御厨　いえいえ）、「東京人」が「東京」を書いている時代を、郊外の南大沢から私は見ていた。

しかし、その都立大がサバーブの由木（南大沢）に引っ越してしまうこと自体がたぶん不本意というか不愉快だったのではないか。結局、先生は曙橋とか六本木とか駒場とか、そういう大都会のほうに行っちゃった。郊外人である私が一時期住んだことのある幕張の水も合わないらしい。そして私はいまだにずっとサバーブにいて、小林一三・五島慶太の構想の手のひらのうえで、今日も何時間もかけてここ（駒場）まで来ることになるわけです。そういうことで、実は私は御厨政治史学を「東京」のものとしてずっと見ていたという当時何を見ていたかというと話です。

「第二保守党」なんて何も考えていなかったが、「星亭って面白い人がいるんだな。こいつがずっと生きていたらもっと面白かったな」なんて思わせられる、非常にワクワクする論文だったなとは思っていました。それで、「シリーズ東京を考える」と「都市政策大綱」系の理論と「東京」の政治史ですね。『東京』では、昭和天皇と後藤新平の話が非常に大きなウエートを持っていたと思います。私は、そういう見方で眺めていたということで、たぶん政治史の主流の人が見ている像とだいぶ違っていたんじゃないかなと。河野先生のお話を伺いながら、御厨像もやはり見る人によって違うのかなと思いました。

私個人としては、「おまえはだいたい東京都立大学にいて東京のことをやれ」というそこはかとなない圧力を感じ続けて、ずっと嫌だなと思っていてオランダに逃げる、という話になっていくわけです。ただし、オランダの「都市計画」ではあるので、半身で逃げた。とはいえ、オランダの「都市計画」は、実は「空間整序（ruimtelijke ordening）」であって、「都市（stad, steden）」という言葉は出てこない。「空間整序」の本質はサバーブ（buiten gebied）にあることに気づいて、安堵していたのです。

しかし、先生は別に圧力を感じて「東京」をやっていたのではないとは思います。むしろ「東京人」として内在的に必然があってやったのかもしれません。当時の私は、そういう側面に非常に強い関心を持っていたということであります。そんなイメージです。ただ、都立大学解体の足音が大きくなると、都立大で東京都政の研究をするのは、面従腹背にせよ忖度にせよ、実は難しいことになりました。私が大都市とか東京都区を研究するのは、都立大から脱都（脱兎）してからです。

都立大学キャンパスの移転——目黒八雲から南大沢へ

佐藤　いまキャンパスの移動の話が出てきました。御厨先生も『明治史論集』の「あとがきにかえて」の中で目黒八雲キャンパスの意味ということをおっしゃっていますし、吉田さんも「南大沢に移るのは大事件だから年譜に入れる」ということで年譜の「その他」の事項に入っているわけです。

御厨　入っている、入っている。

佐藤　この地理的な変化は御厨先生のご研究にとってどういう意味を持ったのかを教えていただけますか。

御厨　八雲から南大沢というとんでもない田舎に行ったわけです。一九九一年にアメリカから帰ってきたちょうどその年に南大沢というところに移転した。行きました、初めて。そうしたら、まだまだ野鳥が多くてクジャクの化け物みたいなのがいたり、ヘビがいたりしました。マムシも出るのに、不思議なことにマムシの血清つまり毒消しが都立大にはない。「山を越えて中央大学まで行かないとそれがないので、噛まれたら一時間は血清が来ないから耐性を作らんといかん」とか馬鹿なことを言っていて、「こんなところには来たくない」と本当に思いました。クジャクがいたりヘビがいたり、授業中にアオダイショウが入ってきてひっくり返った若き女性の英語の先生とかいるわけです。そんな時代。とんでもないところに来たと思いましたね、本当に。

しかも、いろいろ聞いてみると、実は多摩ニュータウンの開発のために買った土地が余った。しかし、東京都住宅局（当時）としてはこの余った土地を「余った」とは言えない。だから、どこかに売りつけようというときに、ちょうど大学は皆強制的に地方移転でしたから、われわれ都立大は住宅局から買わされたんですね。しかも、「買わされた」と言うといけない。都立大のたっての願いは「どうしても地方に移りたい。広いところが欲しい」。住宅局としては「今後もまだまだ多摩ニュータウンを造る計画があるんだけれども、泣く泣くこれを割譲する」という愚かしい文書を作って移ったということを、移転推進派の升味先生から聞かされました。いやあ、世の中というのは本当にすごいものだと思いました。

あのときは「西へ、西へ」という圧力が強くて、都庁が有楽町から新宿へ移り、都立大が八雲から南大沢へ移る。全部西へ行くという力が働いた。これは明らかに鈴木俊一という当時の都知事の思惑以外の何物でもなかった。そこへもってきて理系が移りたがった。理系はあの時代は「行け行け、ドンドン」でしたから施設が新しくなればいいと。実験道具が新しくなるというのが彼らの移転の名目でした。しかし、理系って愚かだなと思ったのは、最新の施設を全部入れたんですが、初年度の経費だけを考えて二年度目からは回すための経費が要ることをすっかり忘れていたんですね。そのあと随分困ったという話を聞きました。本当に愚かです。

悪口を言えばいっぱい出てきますが、事ほど左様に南大沢というところは嫌でした、本当に。行くのも嫌。一時間半もかかりますしね。あの当時は夜間（二部）がありますでしょう。夜間が終わって九時過ぎに南大沢という駅から京王線に乗りますと、中はほとんど酒の息で臭くて、飲まないで乗るほうが申し訳ないような感じでした。いまはタバコの煙で云々とか近隣迷惑とかありますが、近隣迷惑どころじゃない、中に入ると酒気満々ですからそれで酔っ払う。そういうとんでもないところで、いいイメージは一つもありません。

それでも、そこへ行ってから、いま金井さんがおっしゃった「東京」についてはかなり一生懸命やりました。これは、私と親しかった粕谷一希という『中央公論』の元編集長が都市出版株式会社というのを立ち上げて（一九八七年）、『東京人』という雑誌を出し始めた。彼とのつき合いの中で、「シリーズ東京を考える」とか、それから『東京』という本を書くということに立ち至りました。

さっき金井さんに、「あの東京都知事論はなんだ！」と言われましたが、確かに「なんだ！」なんですよ。ただ、手抜きをしたのかといえば手抜きはしていません。やってみてわかったのですが、安井誠一郎から始まる戦後の都知事については残念ながら普通の総理大臣以上にもう手垢がいっぱいついている。つまりイメージがもう決まっているんです。その決まっているイメージ剝がしをどうやってするかというのが私のできた精一杯のところでありまして、鈴木俊一から青島幸男までやって力尽きたということになります。ですから、あそこに書かれている知事像は、私の目から見た、東京都政に関する当時のいろいろな出版物や何かで言われているものとは違うものを書こうとしたものであることは間違いないです。ただ、違いに重きを置いたので、政治史的にいうとなんとなく切れている部分がある、つまり扱っていないところがあるのは当然です。バサバサと落としたそういうものになってしまった。まあ、言い訳のようなものですが、そういう気分があることも申し上げておきたいと思います。

御厨戦後政治史学の特徴――政策研究大学院大学時代

佐藤　論文が書かれた時期についてずっと伺ってきまして、都立大のお話をたいへん多く伺いましたが、今回の論文は政策研究大学院大学に移ってからのものも多少含まれております。せっかくなので面白いから聞いてやれということで、政研大の竹中治堅先生、ちょっとお話を伺えればと思います。そのときの御厨先生のご研究の雰囲気でも構いませんし、どういうふうに見ていらっしゃったかということも含めてお願いいたします。

竹中治堅　政策研究大学院大学の竹中でございます。ご指名なので若干コメントさせていただきたいと思います。

政研大での御厨先生のイメージはやはり、COEを取ってオーラル・ヒストリーをがんがんやるということでした。その成果はたぶん一〇〇冊くらいの冊子になっています。それに非常な力を入れられていましたし、教育もすごく熱心になさっていました。私は都立大時代の話は存じませんが、官僚の人たちを集めての政策研究に一生懸命取り組まれていたことが思い起こされます。

オーラル・ヒストリーは、その前にやられていたのがベンチャー企業で言うシーズ段階だったとすれば、COEで年間一億円以上のお金を取って大々的にやられたので、オーラル・ヒストリーをする人の裾野が一気に広がった時期なのではないかと思います。私もその中でオーラル・ヒストリーをさせていただきました。インタビューにはもともと興味がありました。政策決定過程というのは公開資料でもかなりわかりますが、実際の組織の中の人の動きや、組織がどういうエトスを持っているのかというようなことは当事者の話を聞いて初めてわかることが多いので、オーラル・ヒストリーをやることには大きな意味があると考えています。

ＣＯＥのプロジェクトが終わったら、そのあと「政研大にオーラル・ヒストリーのセンターをつくって、そこでさらにやっていこう」という考えもあったと私は理解しているのですが、そのような展開にはなりませんでした。先生はそのあと先端研に移られて、そこでオーラル・ヒストリーが続いていくことになった、という印象です。

掘り起こされた〝お宝〟をみる――河野康子

佐藤　面白いお話を聞いているうちにどんどん時間が過ぎて参ります。それでは、今回、本としてまとまったものを改めて読まれた印象を各先生から伺えればと存じます。御厨先生はあとがきに書いていらっしゃいますので、河野先生から、いま改めて読んでみて印象が変わった、もしくはこれが〝お宝〟だ、というようなお話がありましたらお願いしたいと思います。

河野　いま改めてこの論文集にまとめられたご論文を読んでみると、そうですね、第1章では、先ほど既にイントロダクションは申し上げましたが、「統治」というコンセプトで五五年体制を考えたときに、先生のそれはほかの方々の「日本統治構造論」との違いが際立っています。それは、行政権、立法権、司法権の三権の中の司法権に非常に強い関心をお持ちになって、最高裁長官の人事に着目して五五年体制を分析されたことです。吉田さんに伺ったところ、最高裁長官の引継ぎをする田中耕太郎と横田喜三郎が握手をしている写真（一九六〇年一〇月撮影、毎日新聞社提供）を『戦後をつくる』の五六ページに〝お宝〟として載せてくださったそうです。

そして、田中コートと横田コートについての先生の話をよくよく伺うと、五五年体制がある意味で定着・安定化する時期として岸信介・池田勇人・佐藤栄作時代があるとすると、吉田・岸の場合は、当時のイメージとして「強い政党・強い内閣」が目指された中で、最高裁長官が田中から横田に交代する池田以降は、「強い政党の下で弱い内閣」。この「弱い」という言い方はたぶん先生は含みを持っておっしゃっているので、あまり簡単に言い切ってしまうといけないのですが、私が非常に雑駁に理解する限りでは、自民党が一党優位という意味で非常に安定してくる。そうなると内閣が強くなる必要性はない、というようなご説明かなと受け取りました。

そうなると、五五年体制が一般的に定着・安定化した時代は池田・佐藤と言われるわけですが、いまから振り返ってみると、この時代について先生が提示された課題に対する答えはまだまだこれまでの研究の中にはないのではないかということを、この論文集を読んで感じています。それで、むしろここは先生にぜひお書きになっていただければと（笑）。前半のお話を伺っていると、先生はまだこれから明治もおやりになるし。（**御厨**　やりません）いえいえ、おやりになると思っているんです。なので、その余技になるのではないかと思います。でも、池田から佐藤というのはわかっているようで意外にわかっていない時代じゃないかということを、この論文集を読んで本当に思いました。特に司法権というところを視野に入れながらの先生のご研究に私は魅力を感じています。

そういう意味からいうと、二〇〇〇年代以降、かなりたくさんの「統治構造論」の政治学関連の本が出ましたが、それらを先生がご覧になると、先生が九〇年代に「統治の仕組み」とか「統治のイメージ」ということでお書きになりたかったこととの間にもしかしたら違和感がないだろうか。つまり、二〇〇〇年代以降の「統治構造論」は、どちらかというと「内閣」に最初にフォーカスするような印象がある。これも私の読みが浅いのかもしれませんが、そういう感じがある。いえ、議院内閣制ですから「内閣」なんですが、でも「内閣」、「与党」、さらには、先生が都立大にいらしたときからよくおっしゃっていた非常に重要な切り口である「政官関係」ですよね。こんにちの話にあまり踏み込む必要はありませんが、議院内閣制として強い「内閣」になったときに「官僚」が弱くなってくるというようなことすら最近は目にするわけですが、そのあたりのところは、いまから振り返ったときに「統治」を論ずるに当たってどんなふうに考えたらいいのかななんていうことをちょっと思っています。もし先生のほうから「こんなことだ」と教えていただけるならお願いできればと思います。私は、そのことを今後お書きになるだろうというような予感も持ちながら、この論文集を読んだわけですね。

小選挙区制が定着した後になってくると、さらに強い「内閣」、つまり政権与党のみが強くなって、それが「内閣」への一極集中のようになる。それから、野田佳彦内閣末期の非常に不安定なときに、「野田というのは斉藤実内閣に似ているね」ということを先生はお書きになったし、あるいは朝日新聞でおっしゃったんですよね（**御厨**　ありました）。それで、私、「ああ、先生らしいな」と思ったんです。でも、そのとき朝日の政治部記者さんはあまりよくわからなかったような（**御厨**　うん、うん）感じでした。やっぱりそうですよね。ここはもっと受け止める余地があるのかもしれない。戦前のあの中間内閣の時代と、野田内閣なりその後の時代、これも一つの筋の中で見る可能性はあるのかもしれないな、ということを思ったわけです。

掘り起こされた〝お宝〟をみる――金井利之

佐藤　金井先生からもご感想をいただけますでしょうか。先ほどは「あくまで当時どう思っていたか」というお話だったと思いますので。

金井　当時、都立大にいて「東京のことをやれ」と言われる圧力の中で、御厨政治史学がいわば防波堤になっていたという話をしましたが、今日の視点から見ても、もちろん今回の論文の中にも興味深い点がいろいろあるなと思いながら見ていました。いまの河野先生のお話で、司法権と池田内閣ということを聞きながら、「ああ、牧原君が御厨先生還暦記念論文集（『政治を生きる――

歴史と現代の透視図』中央公論新社、二〇一二年）で書いたのは、基本的には、そういうことなのかな」というのがなんとなく腑に落ちました。

今回の論文集『戦後をつくる』の中で見ていたのは、基本的には「イメージ」とか「読み込み」という概念が非常に多用されている点です。もともと「明治の偉い人とも友達のようにおしゃべりができる」と言われた御厨先生なので、それを戦後にやっていくとき御厨政治史学の非常に面白いところはたぶん、すべてのアクターがどういう心象風景を持っているのかということを「おしゃべり」の中で明らかにしていく、ということだったのではないかな、というのが私の感じているところであります。そして、「権力の館」ならぬ「学問の館」として都立大学が南大沢に移ったということは、たぶん御厨先生から「おしゃべり」の機会を非常に大きく奪ったのではないか。それがオーラル・ヒストリーに傾斜していく内在的な要因だったのではないか、というふうに推察しています。八雲の時代には、すでに第一部で出ていましたが院生や同僚と「おしゃべり」し、また、いろいろな人とちょいと都会の町場でのお酒ができたのが、南大沢に来ると疲れた親父のアルコール臭がする電車に乗って帰るしかない。そもそも南大沢に来たくなかったということで基本的に来ない。来なければ当然「おしゃべり」の機会が減っていく。

そういう中で、オーラル・ヒストリーというものに傾斜していく。権力者との「おしゃべり」を通じて、ファクトを突き合わせる精密司法ならぬ精密実証・精密史学としての歴史とは別に、権力者がどういうことを主観的に考えているのかという自白をとる。その自白というのは、それによって「事実」が明らかになると牽強付会に言い張るような、「歴史の法廷」における「冤罪」の温床となる意味の「自白」ではなくて、この人はどんなようなイメージを持っているのか、という内在的理解のことです。刑事司法論でも、「物語」という言い方をするようです、弁護をするときにファクトはともかくとして、その人の中でどういうふうに考えていたのかに注目する。そういうようなものにつながる流れを感じます。特に南大沢に行った都立大では御厨先生には「おしゃべり」の機会がなくなっていく。

しかし、例えば渕先生と渋谷先生と宮村さんは南大沢によく来ていらっしゃった方で、その世代とは私たちもよく「おしゃべり」ができた。私は、渋谷先生が私の斜め向かいの部屋だったので、よく「おしゃべり」していましたし、渕研究室にはいつも、塩瀬まんじゅうのような御菓子があったので、「喫茶室・渕」を呼んでいました。

それから、南大沢あたりに住む若手の人間は、昼飯と称して一一時半くらいから二時くらいまでご飯を食べに行っていた。何をやっていたのかなといま思うと不思議なんです。大杉謙一という商法の男がいまして「昼飯を食いに行こう」と五、六人に声を掛けて、一一時半頃から南大沢の駅前とかアウトレットに行き、喫茶店とかで二時間ぐらいご飯を食べている。皆一〇時半くらいに来て五時くらいに帰るのに、二時間半もご飯を食べていたら全然研究が進まないよなとお互いに思っていたんですけれども（笑）。ただ、その時間では、教会法、商法、日本政治思想史、民事訴訟法、西洋政治史、国際法、法哲学、国際政治、刑法、労働法など、耳学問をしていた。

要は別なかたちでの「おしゃべり」があったんです。

八雲時代の「おしゃべり」の中から研究をしていくというかたちからいくと、先生にとっては「学問の館」のあの移転はやはり相当大きなマイナスだったのではないか。ただ、そのマイナスがたぶんオーラル・ヒストリーというかたちでプラスのほうに昇華し、それから政研大に行かれて、途中からは政研大の客員を兼ねていたと思いますが、都立大にいなくなる。もっと言えば、「そして誰もいなくなった」にだんだんなっていくわけですね。そして、八雲から南大沢への移転がボディブローのように効いて都立大の崩壊につながっていった。「崩壊していった」などと言うと、いま助教でいる人に申し訳ないですけども（笑）。新制首大《くびだい》（＝首都大学東京）は、それはそれでスナックのように「おしゃべり」をしているのではないかと思います。都立大から首大に生き残った人と、都立から首大に行くのが嫌だからといって漂流した人もいた。「学問の館」というのは非常に大きな意味を持っていたと思います。

そして内在的には、いろいろな「イメージ」とかそういうものに非常に目くばりがあるなと。「統治」ではなくて、どちらかというと「統治イメージ」ですね（御厨、**河野**　そうそう）。それが「為政者たちのインナーサークルにおけるイメージ」ということになっていくのかなと。そういう意味で、僕がこの本でいちばん面白かったのは「軽井沢論」の話でして、これが御厨政治史学なのではないかと勝手に忖度しているところであります（第７章「「ハイカルチャー」をつくる」）。「安倍晋三は軽井沢にいないぞ」というこの微妙な発言。一方で、中曾根康弘も軽井沢にいたという話。日の出山荘の話に絡ませていますが、要は佐藤栄作とお友達になりたいから背伸びして軽井沢に行くわけですね。私は「軽井沢論」がこの本の中では非常に面白かったところです。

そのうえで言えば、書簡、日記、「おしゃべり」というようなかたちですね。さらには、いま生きている人に「おしゃべり」させるというオーラル・ヒストリー、そして「朝まで」ではなく、朝からの『時事放談』では夜ではなくて朝「しゃべる」と。まあ、実際の収録は朝ではないですが、ああいうような「おしゃべり」の話につながって、そこから見えてくる像というものを発見すること。

同時にもう一つ、私は、御厨先生がなぜ建物にこだわったのかというのがいまひとつわかっていなかったんです。それは、首都計画の研究以来の建築系への興味や、工学系の先端研に来たからという「学問の館」の影響なのかなと思っていたんですけれど、どうもそれだけではないようです。政治家ないし為政者が建物というかたちで、イメージを表現する何かがあるのではないか。書簡・日記などの言葉ではなくて、庭仕事や「権力の館」というかたちで表現する。それを、軽井沢で鳩山一郎が農作業というかガーデニングをやっていたという話からふと思いました。ユング心理学で「庭を造らせる」というものがありますね。曼荼羅を絵で描くのではなくて庭というかたちで造らせる。要は、「権力の館」というのは彼らの心象風景を何らかのかたちで描いている題材なのかなと、この本を読んで最近思っています。鳩山一郎は東京人ですし、軽井沢は夏の東京です。

御厨先生から見ると「おまえは何を言っているのだ」ということになるのかもしれませんが、これが生前葬のいいところで、本当のお葬式ですと私が勝手なことを言っちゃいましても御厨先生には反論の余地がない。今回は、先生がおっしゃったように予め対話が成立するというのもまさに「御厨的だ」と思うんです。要は、死んでからいろいろな人に「しゃべって」もらっても手遅れなわけでありまして、やっぱり生きているうちに「しゃべりたい」ということです。

そして、精密史学／実証としてのファクトも大事ですが、ファクトだけでなくさまざまな意味で頭の中で人が思っていることも、やはり事実なわけで、御厨先生はそれを深く探求することをずっとやられているのではないかなといまは思っています。主観的イメージをも精密実証の史料にしたのかもしれません。御厨先生から「いや、そんなことは考えていない」とか「頭の中で考えているかなんてわかるかよ」と言われればそれまでです。だからこそ問いかけないとわからないという意味で、思ったところを述べさせていただいたところです。

佐藤　御厨先生、問いかけがありましたけれども。

御厨　ふん、ふんと思って聞いておりました。確かに「おしゃべり」というかな、「おしゃべり」というとちょっと格好良すぎるんですね。いま聞いていて思ったのは、僕にとって必要なのは「ざわめき」なんです。「ざわめき」がないと何事も進まない。オーラルなんていうのはまさに言葉を通しての「ざわめき」です。建物もそうです。動線というものを考えるときに、その人間がどう歩いていくか、そのときにどういうおしゃべりをしながら行くのか。これも「ざわめき」の世界である。

そういう点で言うと、いちばん最初に明治の政治史が出たときに升味さんが僕に「君は本当に明治の元勲を友達のように論評する」と言ったとおり、僕は友達のように論評するんです。どうしてかというと、それは書簡のあいだの「ざわめき」を聞いているから。その中に入っていって、「あなた、こうじゃないの」みたいに言いたくなる。そういう点では全部共通しているのかなという気がしました。

生前葬ということで金井さん、いろいろ言ってくださいましたけど、僕は今回金井さんにしゃべっていただいて思うのは、「この人も随分丸くなったな」ということですね（笑）。都立大にいたときはとんがっていて、とんがっていて、本当に食ってかかるような物の言い方をしていて本当にすごかったのに、「この人にしてこう丸くなったか」と。それを見ただけでも今日は面白かったかなと（笑）、そんな感想を持ちました。以上です。

佐藤　以上でいいんですかね（笑）。よくわからないですが。

掘り起こされた〝お宝〟をみる——手塚洋輔

佐藤　だいぶお待たせしてしまいましたが、手塚さん、何でも存分に話していいということで御厨先生からのたってのご指名ですので、〝お宝〟発見も含めてよろしくお願いいたします。

手塚　手塚でございます。第一部のセッションでいちばん若い佐々木さんは、この研究が生み出されたときには生まれていなかったというお話でしたが、戦後の研究が多く生み出された一九九五年という年には私自身は高校生でございまして、そういう意味では生まれてはいましたが、当時高校生が知っている学者といったら宮台真司さんとかそういう感じでした。政治学者というのはあまりよく知らず、御厨貴という名前もたぶん聞いたことはありません。そして九六年に大学に入るわけですが、それでも、政治学の論文や本を読むということは、僕が不勉強ということもありますが、なかなかなかった。

先ほど佐藤さんからご紹介があったように、その後、先端研の御厨研究室でお世話になってオーラル・ヒストリーをやったりということはあるのですが、思い起こすと、私が御厨先生と最初に会ったのは二〇〇二年のことです。僕はまだ東北大学の博士課程一年目で、修士論文もまだ公刊していないチンピラみたいなものでした。政策研究大学院大学のオーラル・ヒストリーのイベントが秋口にありまして、そこに連れていってもらいました。

大学院生からすると、政治学の偉い先生というのはちょっと怖いなというようなイメージでいたのですが、そのイベントのあといまはなきニュートーキョーに「二次会に行こうぜ」と連れていかれまして、なぜか牧原先生と御厨先生と三人でしゃべることになりました。御厨先生にとって僕はほかの大学の、しかも大学院生で、要するに全然知らない初めて会った人間です。そんな僕に対しても御厨先生は非常に気さくに話をしてくださいました。途中、牧原先生が「トイレに行ってくる」と言われて二人きりで話す状況になりまして、「どうしよう」と思ったんですが、当時はたぶん外環道に関する委員をされていて、推進派の人たちが「周りの地権者にどうやって飲ませ食わせをするのか」というようないろいろな裏話をしていただいて、非常に面白かった。その後、二〇〇四年からいろいろと教えをいただいています。

手塚洋輔氏

今日の僕と御厨先生との共通点がもし一つあるとするならば、年譜を見ていただくとおわかりのとおり、九五年前後というのは御厨先生がちょうど四〇代のときのお仕事ということになると思います。僕自身ついせんだって四〇になりまして、そうかと。要するに、四〇代の研究者が研究の転換をどう図っていくのか、その模索の例として、僕はその観点からこの本を読んだということであります。

関連して、御厨先生が先端研時代に事あるごとにおっしゃっていたのが「研究者四〇代危機説」でして、酒の席でいろいろ教わりました。「四〇代はやばい。仕事がいろいろ重なることもあるし、思うように研究を進めることが非常に難しくなってくる中で、そこをどう乗り越えるかというのは研究者にとって非常に大事なんだ。そのためには実は三〇代が大事だ」という話でした。しかし、その三〇代をやや無為に過ごして四〇になってしまった僕としては、いま、四〇代をどうやって切り拓くのかという観点でこの本を読んで、自分自身の参考にさせていただこう。そういう観点で今日はやってきたということです。

特に関心があるのはテーマですね。少なくともこの本に載っている論文のテーマをどういうふうに見つけてきたのか、というところです。といいますのも、九五年前後もそうでしょうし、私自身が大学院に入った二〇〇〇年代前半もそうですが、基本的に実証研究は「個別の政策領域というものを見つけてきて、そこにどういう実態があるのかというのをまずは実証する」というものが多かったと思うんですね。先ほど『レヴァイアサン』の話が少し出ていましたが、新制度論とかある種の政治学の理論潮流というものを片方で見ながら、日本の実態を見る。その実態というのも仕切られた多元主義の中の仕切られた中身、それを見ていくというのが基本的な研究の進め方だった。私が最初に政治学とか行政学を勉強しようかなと思ったときは、そういうかたちが多かったと思います。

しかしながら、御厨先生のこうした一連の研究はそれとはかなり違うわけであります。一つには、総合性というものに非常に関心を持たれている。それは皆様もご存じかと思いますが、もう一つは、仕切られた多元主義で、自民党政調会があって、というような自民党の政治が制度化されていく中で、「制度化されてしまうと駄目だ。非常につまらなくなる」という発想があります。この『戦後をつくる』第3章「「国土計画」をつくる」の中でも「国土庁ができると駄目になる」

と書かれていますし、明治のときでも同じような発想があって、「制度化されると駄目になる」。そうしたときに、かなり制度化されている中で、どのように制度化されていないフロンティアを見つけるのか。どこから見つけてくるのかというところに強い関心を持ちました。それはまさにこのタイトルでいう「つくる」局面ですね。制度なり仕組みなりを「つくる」局面にどう立ち会うことができるのか。先ほどの御厨先生のお話では、「つくるざわめき」みたいなものをどこから見つけてくるのか、というのがお尋ねしたいところです。

さらにそれに関連して、では、その「制度化されていないフロンティア」というものは、二〇〇〇年代に入ると、「統治機構改革」の流れでさまざまなかたちで出てきたように見えるんです。小泉内閣の経済財政諮問会議であるとか、有象無象のいろいろな改革がなされていく中で、それはフロンティアなのかどうか。しかし、御厨先生のその後の著作では、「暗黙知が壊れる」という話が出てきます。そうなると、「フロンティア」というのは、「暗黙知」も何もないものであって、そこが面白いということなのか、それとも、「暗黙知」もへったくれもないものは「フロンティア」でも何でもなくて、やはり一定の政治の文法であるとか「暗黙知」というものが前提になり、そこにはしかし「フロンティア」がある、というような感じで考えられるのか。二〇〇〇年あたりのテーマの展開という中で、そのあたりが次の時代について気になったところです。

最後に、研究のテーマとは別の切り口になりますが、第一部のお話や先ほどの河野先生のお話の中で、御厨先生が研究のプレーヤーとしてゼミで一緒に読むということをされていた時代というものがあったわけです。私が先端研に来たときは、先ほどの竹中さんのお話にもありましたように、どちらかというと、プレーヤーとしてずっとやるというよりは、プレイングマネージャーといいますか、自分も打つけれども監督業のようなものもされるというかたちで、研究者としての立ち位置は変わってきます。プレーヤーからプレイングマネージャーになっていくという四〇代のところで、ご自身の研究との兼ね合いというものをどうバランスされていたのかというのか、というあたりが、この本を読みながらすごく気になったところです。

掘り起こされた〝お宝〟を振り返る――御厨貴

佐藤　質問がだいぶ来ました。

御厨　どうやって四〇代のテーマを見つけるのか。これは難しいですね。こちらもそんなに意識してテーマを探したというわけではありません。ただ、『戦後をつくる』の初出一覧をいま改めて眺めていますと、やはり基本的には「国の全体像をどういうふうに捉えるか」という気持ちが常にあったことは間違いありません。河野さんが縷々《るる》言ってくださった第1章ももちろんそうですし、あるいは第3章の「国土計画」とか第4章の「列島改造」とか、このへんもそうです。しかし私としては、第5章の「機振法」、昭和三〇年代の初めに起こった機振法についての論文のつくり方、これが僕の後半生を決めたかたちになるのかなと思っています。この「機振法」は本来、一九八〇年代後半に、戦後史に飛び出そうとしていた時期に、通産省の松島茂、一橋大の尾高煌之助の二人に誘われた通産省の「機振法研究会」の成果物です。しかし、これまた「書けない病」にかかったのです。一〇年引っ張って研究会の出版そのものが雲散霧消。本当に悪いことをしました。それで今度は、三谷太一郎先生の記念論文集（北岡伸一・御厨貴編『戦争・復興・発展』東京大学出版会、二〇〇〇年）にはぜひ書くぞと用意を始めていたのですが、申し訳ないことにこれもまた書けない。どうしても方法論的に行き詰まって、資料はすべてあるけれど、その資料をどう並べてそれこそどうパズル化して書いていいのかわからないということで周辺に随分ご迷惑をかけました。これも確か、私一人のせいだと思いますが、二年ぐらい予定よりも遅れてようやく出すことができたんです。今度は最後に出しました。

　そこに関係してくるのはたぶん、実態というものとイメージとがかけ離れているんだ、ということ。そこに気がついた。だから、あまり実態論をやろうとすると駄目なんだ。そこにある「イメージ」、その「イメージ」というのがまた今日の私の研究につながってくることですが、じゃあ、「メディア」がどう取り上げたのか。その「メディア」が、取り上げたも

御厨貴氏、河野康子氏

のをどういうふうに読み込んだのか。そういう政治の反面である「メディア」。このときから、「ああ、メディアがこういうふうに書いたものを皆がこういうふうに読んでいるんだね」というのをずっと中に入れ込むことによって、この「機振法」をつくる」ができたと私は思っています。したがって、この「機振法」論文は僕にとって一つのメルクマールになるものだといまでも思っています。

あと、第8章で扱った「復興計画」の問題とか何とかというのは、実際に下河辺淳さんと「同時進行」で走ったオーラルであったりするわけですから、それはそれで非常に強く印象に残ってはいます。いまになるとよくわかりますが、「同時進行」であるからそのときの雰囲気なり何なりを客観的につかんでいるだろう、と思ってやったのですが、あとから見るとそんなことはない。そのときの下河辺さんの主観に完全に振り回されている。つまり、客観的に見えて客観的じゃないんです。私たちは外からパーティシペイト・オブザーバーで彼の言うことを聞くわけですが、僕らはどこにその位置を置いたらいいのか。

大震災が起きて大変なことが起きて、その復興が始まっていてということはわかります。その中で復興委員会の委員長が向こうへ行ってどういう話をしてきたのか、どういうふうに事を決めてきたのか。これは全部「イメージ」です。僕らが受け取るのも「イメージ」でしかない。だからそういう点で、私が最初に言ったところの「実証史学」と「物語」という話にすれば、やはりだんだん「物語でしかないのかな」と思うようになってきた。本当の「精密実証」みたいなものは、先ほどの議論に戻りますが、資料がものすごくたくさんあってそれを組み合わせるだけでできる、という話にどうしてもなってしまう。

さらにそこで疑問を立てておきます。では、資料がいっぱいあるところでなら本当の真実がわかるのか。そんなものでもないですよね。僕の最初の『明治国家形成と地方経営』でもそうでしたが、資料があって、あって、あって、そしてメモランダムがあって、もう「こういうふうに絵が描ける」というところですらビッシリとは書けない。これはやっぱりちょっと違うんじゃないかとかいろいろなことを思うと、そこが書けなくなる。点線で書いたほうが楽だ、というのはそういうところです。

オーラル・ヒストリーなんていうのはもう全部点線ですから。ここまでは実線だけれどそこから先は点線で、その点線のうちの幾つかは本人もよくわかっていないので幾つもの円弧を描くわけですね。その幾つもの円弧の中から、「まあまあ、これがそういうところなんですよね」ということが示唆的にはわかるけれど最終的にはわからない。だからオーラルの特徴は「選択肢を示すことだ」と僕は常に強調していますが、それは「選択肢を示してもらわないとにかくつながらない」というだけの話なのね。自分のやっていることを整理すると、そんなことかなと。

手塚さんがさっき言った、四〇になってどうやってマネジメントもやれるプレーヤーになるのか、それは結構大事な話です。たぶんこの話は手塚さんにしたと思うので、いまは意図的にネグっていると思いますが、「四〇代の危機」というのは何も仕事が忙しくなるとかそういうことだ

金井利之氏、手塚洋輔氏

けではございません。だいたい四〇代で論文が書けなくなるという人が多いんです。書けなくなるとどうなるかというと、自然にアル中になるわけです。アル中になるとまた書けなくなる、という悪循環。ということで、四〇代でアル中になると、五〇代には本当に手が震えているという状況になって、おしまい。

ただし、昨今と違って僕らの頃はそれで首にはならなかった。アル中で手が震えていても首にはしないんです。やっぱり大学の先生は偉かったんですね。いまはもうアル中というだけでおそらく首です。手が震えたりすると、「あなた、それではとても板書ができないでしょう」とか言われて、板書の実験なんかさせられる。「ああ、やっぱり手が震えて字が書けない」というと、「気の毒ですが、そろそろお引き取りを」という話になるんです。私が現役教員で生きていた時代というのは、大学の先生がまだ敬われていた時代でした。だから、アル中になった方はいましたけれど、皆最後を全うして名誉教授になって去っていった。だけどその人の執筆リストを見ると、なぜか四〇代から五〇代の半ばぐらいは何にもない。五〇代の終わりぐらいになるとまとめを出します。まとめはそれまで書いたやつを出すから楽なんですね。それが出ているというような人がいました。まあ、手塚君はそういうものを反面教師にしてお仕事をされるといい、ということですよね。

手塚　そうならないようにするには何か方法はありますか。当時も、「そうしてはいけないな」と思っていたということですか。御厨先生ご自身が諸先輩方を見て、「そうならないようにするにはどうしようか」と思ったのか、「いや、自分はそうはならないに違いない」と思っていたのか、そのあたりは――。

御厨　そうならないようにするためには、次から次へと自分で課題をつくるんですよ。「これは面白そうだ、面白そうだ」と手を着けていく。やたらといっぱい手を着けていく。僕は最近さすがにくたびれ果てましたから、三つぐらい同時進行でやるだけでも苦しいですが、あるとき数えてみたら同時進行で一〇幾つやっていました。「だいたいこのへんで終わる」というやつを全部同時進行で重ねていって、一つ終わったら次を入れてということをやっていたら、四〇代はあっという間に過ぎます。とてもじゃないけれど余計な酒なんか飲んでいられない。酒を飲んでいたら遅れますからね。飲んでもいましたけれど、しかしアル中になるほど飲むということはない。「悩むことがない」と言ったらそれきりですが。何の話をしているのかよくわからなくなりましたが（笑）、そんなことであります。

「制度化」と「暗黙知」

佐藤　僕は真面目な司会ではありませんので、すべての応答が成立しなくてはいけないとは考えいのですが、先ほど手塚さんが提起された重要なポイントの一つは「「制度化」すると政党は駄目になるという話がある。一方で、御厨先生は「暗黙知」というものを重視されているように見える。しかし、「暗黙知」も一種の「制度化」ではないか」というご趣旨の問題提起があったかと思います。ぼくも興味があるので、「暗黙知」について改めて教えていただけますか。

御厨　「制度化」、本当にそうですよ。「国土計画」でいえば非常にはっきりしている。「国土計画」なるものがいちばん強い力を持ったのは経済企画庁の一つの課が担当していた時代です。それが局になってだいぶ怪しくなって、最後に経済企画庁から出て国土庁になった瞬間、「国土計画」はもう完全に駄目になりました。つまり、アモルフでいて、何だかわからないけれど課のレベルか何かでぐじゃぐじゃやっている。これがバッと大きくなって周りをはね飛ばし、一気に正規のプランになっていく。そこが、官僚制の中でいうとプランニングすることの魅力であった。そこでできたのが「新全総」です。「三全総」から先はつまらなくなる。「三全総」はぎりぎり言葉の遊びですが、「四全総」からもうどうにもならなくなるのは、そういう役所ができちゃったから。役所ってできたらどうなるかというと、その役所が自由奔放に動けないようにほかの役所が皆それに規制をかけて、結局ダメになる。だから「制度化」というのは必ずしもいいことではない。

「暗黙知」という話が出ましたが、「暗黙知」の世界というのはそれこそ「忖度」の世界とどこかで重なる。「忖度」というのは、「本当はよくわかっていないけれども、皆がそう言っているからそうしましょう」という世界です。いま非常に問題になっています。「暗黙知」というのは、それを知っている人間にとってはもっと得意満面なもののはずなんです。つまり「あいつとあいつとあいつはおそらく、こういうことについて事を共有している」。そういう人たちというのはいるんですよ。そして、そういう人たちは「俺とおまえは友達だよね。あれについて知っているよね」なんていう馬鹿なことは言わない。何かが起きたときに、その知れるところの「暗黙知」に従ってあっという間に動いていく。

これはいまの第三次安倍内閣にはもちろんありませんし、昨今の内閣にはないものです。二〇〇〇年代には辛うじて幾つかの内閣に見られたぐらいです。いまや「暗黙知」という言葉自体死語に近いですが、「忖度」なんて言われる時代になると「暗黙知」はもう本当に機能していません。「暗黙知」の面白さ、楽しさというのは、誰が暗黙知を本当に持っているかは本当にはよくわからない緊張感があるからです。皆で「忖度」する世界なんてまったく面白くない。

僕はそういうふうに思っていて、そういう意味での「暗黙知」の時代を多少描こうとしたというところがは幾つかの論文の中にあると思います。「「栄典体系」をつくる」（第6章）なんていうのも一つの「暗黙知」の世界でした。「「ハイカルチャー」をつくる」（第7章）にもそういう面が若干ある。金井さんからこれは良かったと言っていただきましたが、ここでのお宝発見が、「権力の館」につながると彼の言われたところです。鳩山一郎の戦時中の日記を見ていると、これはほとんど盆栽日記に近い。自分の軽井沢の家で、まず花を植え、それから今度は野菜を植え、やがてそこに池をつくり、魚を入れる。そこで自炊するわけです。そこで権力の館から権力の庭園まで作っちゃう。そういう世界です。それができたから鳩山という人は戦後まで生き残れたんだなということがわかって、これも館研究に入るきっかけの一つになった気がしています。
こんなことをしゃべっていていいのかどうかわかりませんが。マイクをお返ししますね。

掘り起こされた〝お宝〟をみる――フロアとの応答

佐藤　本当は時間が押していますが、知ったこっちゃないということで、フロアからもぜひ。質疑でも構いませんし、「こんなところを面白いと思ったよ」というお話でも構いません、少しご発言いただければと思います。挙手をいただければマイクをお持ちします。いかがでしょうか。

谷合俊史　谷合と申します。新聞社に勤めています。先生が東大先端研で開いていらっしゃったゼミに参加させていただいておりました。『戦後をつくる』もそうですが、先生がご著書の中で使われているワーディングはすごく面白いといつも思って読ませていただいております。いま話に出ました「暗黙知」とか「自民党の化石化」とか、先ほどのお話に出ました「建国の父祖共同体」などは、いろいろなイメージが広がる言葉だと思います。「建国の父祖共同体」の反対語だと思いますが、『戦前史のダイナミズム』（左右社、二〇一七年）で「亡国の父祖共同体」という言葉も使われていました。昭和天皇と東条英機のパーソナルな人間関係を言われた言葉だと思います。

そして、先生のご著書に通底するものとして「カタストロフィへの興味」というのでしょうか、国家が覆滅する瞬間へのどろどろした興味関心がちょっとあるのではないかと感じる瞬間があるのですが、先生、いかがでしょうか。

御厨　そうね、興味あります、確かに。それは「つくる」ところを見ていると、このつくったものがどういうふうに壊れるのか、その壊れ方にものすごく興味が出てきます。しかも、多くの場合、それは思ったようには壊れません。とんでもないところからの力が働いて、まさにカタストロフィと言われたけれど崩壊するわけです。僕が「国家の崩壊」というところでいちばん印象的なのは、敗戦のときの御前会議です。御文庫《おぶんこ》の地下、そこにしか「権力の館」が残っていない。国会議事堂も首相官邸も何も全然機能しない中で最後に機能したのがあそこの部分である。数年前に御文庫附属庫の存在が明らかになって「あそこをどうするか」みたいな議論が出たとき内部の映像も見せてもらいましたが、「ああ、大日本帝国は最後にこういうところに追い込まれたのか」と。そこに五、六人の最高の政治決定をする人が集まって、それが何にも決定できなくて昭和天皇のご聖断が下ることになった。戦後はまだそういう事態には立ち至ってはいませんが、戦前でいうと、あれが本当に最後のカタストロフィのあらわれだと思います。

私が不満なのは、いま谷合君が言ったことにかけて言うと、戦前史を皆八月一五日で終わりにするんですが、あそこまで行ったとき、残されたものはもう御文庫しかなかった、という具体的な言及がないんですよ。「八・一五の前でほぼ終わって、最後にちょっといろいろあったけれども、結局はポツダム宣言を受諾するしかなかったんですよね」という必然論的記述でみな終わっている。そうではない。同時に荒涼たるむき出しの権力がようやく残ったというミゼラブルな状況があったんだということを、政治史家だったら本当は一つ書かなくてはいけないと思っています。

竹中　たびたびすみません、政策研究大学院大学の竹中でございます。

今日、河野先生が「第二保守党」の論文のことをかなり解説されましたが、私もこれを一度精読したことがございます。そのあと、先生から『近現代日本を史料で読む――「大久保利通日記」から「富田メモ」まで』（中公新書、二〇一一年）のときに呼ばれて、「竹中君、『芦田日記』をやってくれないかな。君、僕の論文を読んでいたよね」と言われて、そのあと「芦田日記」をさらに精読するということになりました。というわけで、この論文には結構思い入れがあるというか、私が書いたわけではないのですが親しんだ論文です。河野先生の話をうかがって、河野先生も注目されていらしたのだと思いました。

そこで御厨先生に前から一度聞いてみたいと思っていたことですが、「昭和二〇年代における第二保守党の軌跡」の論文のあと、フォローアップ、あるいは発展させるようなことはされたのでしょうか。それとも、これは単独作品なのか、ということを教えていただければと思います。

御厨　私の関心は、ここに書いたように「第二保守党」です。つまり、後の自由民主党ができ上がっていくときに、この「第二保守党」の系譜は、内田健三さんの研究（『現代日本の保守政治』岩波新書、一九八九年）などにありましたが、どんどん消えていく。その消えていく中で、しかし残っていくものもあって、はっきり言えば三木派として中曾根派として残っていく。だけど、三木派として残ったものが第二保守党であるかというとかなり疑わしいし、中曾根に至っては「あれはなんだ」という話になります。そこはちょっとやってみたかったところでした。

それはどうしてかというと、「第二保守党」と言いながら、この議論の中で、吉田自由党、あるいはその後主流になっていく自由民主党のどちらかというと佐藤派とか池田派になるほう、こちらは「第一保守党」とは言わない。つまり「第一保守党なき第二保守党」なんです。それでは、「第二保守党」だけがなぜ「保守」と言わなければならなかったのか。そこには理由があって、それはこの研究である程度は見たのですが、「革新」という言葉が社会党にどんどん取られていくわけです。中曾根はこの時期に自分のことを「保守革新」と言ったんです、「保守の中の革新派」だと。その「保守革新」がいつの間にか「第二保守」になり、それから「革新」が消えていくプロセスがあった。そして、昭和三〇年代には「革新」はあっという間に社会党や共産党のほうに乗っかっていく。

そうすると、言葉としてもともと「保守」というものがない。そこで「第二保守」というものが頑張っていたけれど、合同すると、「第一保守も第二保守もないだろう」ということで結局消えていく。自由民主党というのはそれ以来、「保守とは何か」ということをついぞ定義できないでいるわけです。よく言うように、野党になったときだけ「保守とは何か」ということを考えることになる。自民党総裁だった谷垣禎一さんは、野党になったとき、「保守とは何かということを定義したい」と言ったんですね。それからこのあいだ山崎正和さんと話をしていましたら、宮澤喜一政権が倒れたあと河野洋平さんが総裁になったときの自民党が山崎さんのところに来て、「保守とは何かということを定義し直したい」とやはり言った。

どちらも言葉だけ。実際にはやっていない。できないんですよ。それはなぜかというと、彼ら自身が自分たちは「保守」だなんて思っていないから。だから、そこで「保守」という概念をいくら定義しようと思ってもできない。それでも「保守」という概念がなんとなく続いてきている面白さがあった。だから僕は、この「第二保守党の軌跡」論文の中で、第二保守党の系譜がそのあと行くとすればそれを追ってみたかったな、という気はするんです。ただ、それが三木武夫と中曾根康弘ですからね、どう頑張ってもあまり面白くないというのでやってはおりません。

おわりに

佐藤　ありがとうございました。それでは時間が迫ってまいりましたので、ここでいったん締めさせていただきたいと思います。先生方、本当にありがとうございました。

御厨　ありがとうございました。（拍手）

佐藤　今日の第一部、第二部の締め括りをお願いいたします。

御厨　いや、本当に盛大なる生前葬をありがとうございました。「反論の機会もある」と言われましたが、あまり反論もできず。「死んだら反論できないだろう」と金井君も言いましたけれど、「死人に口なし」と言いますから、死んだら何もなし、ということであろうと思います。

ただ、今日こういう機会をつくっていただいて私が非常に嬉しかったのは、私は学会とか何とかというものを私はあまり気にしないものですから、何が流行しているのかとかそういうことも全然わからないでやってきた。その中で、自分が書いたものがどの程度二一世紀の〝お宝〟として残るのだろうか、どの程度通有するのかというと、まったく通有しないものではないということがわかったことです。やってきてよかったのかな、という感じを持ちました。

明治については、あの時期書簡を読んだのはいまでも本当に身震いがするくらい楽しかったなと思います。そして戦後についていえばやはり、オーラル・ヒストリーをかなり一生懸命やったということが印象に残ります。

今日は皆さんには言い訳ばかりで面白くなかったと思いますが、長いことここに座っていてくださってまことにありがとうございましたと申し上げます。（拍手）

Ⅱ

御厨政治史学の真髄

地方の明治、首都の明治――『明治史論集』を読む

池田　真歩

「地方経営」と「首都計画」

『明治史論集』には、長短一五編の論考と九編の書評が収められている。その多くは一九八〇年代から九〇年代にかけて執筆され、論考には一九八〇年代中盤から後半までの作品が目立つ。第一作『明治国家形成と地方経営――一八八一～一八九〇年』（東京大学出版会）を一九八〇年に、その四年後に第二作『首都計画の政治――形成期明治国家の実像』（山川出版社）を上梓した御厨貴氏は、「地方の時代」と「世界都市東京」というスローガンが並び立った時代環境の中で、近代日本の「地方」と「首都」の歴史的起源をめぐって史料読解と思考を続けた。本書にはその成果物が数多く収録されている。

各編の形態は多様である。第一作や第二作の文体を彷彿とさせる、入念な仕込みを経た論文がある一方で、市民講座や職員研修での講義をもとにした短編が収められ、その後深められていく問題意識を先取りした書評やレビュー論文も豊富に含まれる。したがって『明治史論集』は、当

然のことながら、堅固に整備された一本道に貫かれた書ではない。しかし同時に各編には、近代日本の統治／自治に対する御厨氏の関心が、たしかな連続性や相関性をはらんで反映されている。広狭様々な複数の道が、枝分かれしつつ各編をつないでおり、どの道をどの順にたどるかは読者の自由に委ねられている、といえるかもしれない。小稿はそのうち一つのルートの散策記とでもいうべきものである。

問いかけから自己回答まで――地方利益論をめぐる探索

本書に収録された各編を執筆するあいだ、御厨氏が関心を寄せる空間は、地方から東京へ、東京から「国土」としての地方へと、移動ないし拡大していった。当初、国家形成期たる明治前期にすえられていた視線は、明治中後期、さらには大正、さらには昭和戦前・戦後へと、貪欲に伸びていく。そして時空間のみならず、統治／自治分析の鍵概念である「利益」と「計画」の様態についても、新たな着想が加わる。本書において、かかる軌跡がもっとも鮮やかに映し出されたテーマは、おそらく地方利益論ではないか。

第一作で描かれたのは、明治一〇年代の地方経営問題が、形成途上の中央官僚制内部における権力・政策対立を生み出しながら展開するプロセスであった。では「その後」、すなわち国会開設後における地方利益をめぐる政党と官僚制の動向は、かかる知見にもとづきいかに捉えられるのか。有泉貞夫『明治政治史の基礎過程――地方政治状況史論』（吉川弘文館、一九八〇年）への書評は一九八一年に書かれたが（書評編1）、御厨氏は地方利益論の射程を明治前中期にまで広げた同書を評価しつつも、地方利益という存在の段階的変化が、より克明に問われるべきではないかと記したのだった。

この問いかけへの回答案は、同書評から七年後、ほかならぬ御厨氏自身によって示されることになる（第7章「日本政治における地方利益論の再検討」）。導入されたのは「開発と計画」という視点であり、大正期以降、官僚制の発達とあいまって個々の地方利益が政策として自立化し始め、国土計画的な開発構想を醸成したとの見通しが示された。明治期の自由党―政友会党勢拡大期と、戦後の自民党支配の時代を直線的につなぐ傾向があった従来の地方利益論に対し、ここでは田中角栄が、総花的な利益撒布とグランドデザインのあいだの緊張関係を内包しつつ、地方利益と国土計画双方を追求した政治指導者として描かれる。この自己回答は刷新された地方利益論であり、萌芽的な国土計画論であると同時に、明治という歴史的段階に固有の政党と官僚制のあり方を浮かび上がらせる議論でもある。

地方官・東京市民

また本書では、第一作・第二作ではスポットライトの外に置かれていた、地方と東京という舞台それぞれの重要な主体に、鋭い視線が注がれている。

地方に関して、それは明治前期の地方官たちである（第2章「地方制度改革と民権運動の展開」、

第5章二「地方の時代と明治の地方官」・三「自由民権期の地方官」、書評編2）。地方官への着眼は、中央官僚制内部の競合にもっぱら焦点をあてた地方経営論の射程を広げる試みでもあっただろう。御厨氏は、野村靖や北垣国道に代表される彼ら地方官の動向から、国家形成期に中央と地方、官と民、体制と運動の接点に身を置いた者に固有の統治意識と政治行動を析出しようとした。これらはそれぞれ、「民」に寄り沿いつつ彼らを導く存在としての、パターナリズムをはらんだ「牧民官」意識と、同意識に根ざした「地方分権」的行動として捉えられている。自立化を図る地方官という存在にひとたび光があたると、かかる存在に中央の政治指導者がいかに対峙したのかという問いが新たに生まれる。ここにおいて、明治一〇年代前半の地方制度改革や、一五・一六年の地方巡察使派遣は、中央からの反転攻勢として位置づけられた。中央政府と地方官の間の、緊張と創意に満ちたコミュニケーションは、御厨氏が制度形成期に強く惹かれる理由を教えてくれる。

東京に関して、それは市民一般である（第5章四「都市と市民」）。こちらは明治前期に展開した首都計画の「その後」と、密接な関わりをもっている。首都計画、あるいはより広く首都の将来構想が、なぜ当初の勢いを持続できないのか。なぜグランドデザインは、市民を巻き込んだ対立や競合の焦点となるかわりに、なし崩し的に掘り崩され、あるいは峻拒されたのか。象徴的な風景として描き出されるのは、関東大震災後、植民地経営の手腕を首都でも振るおうとする後藤新平を尻目に、無秩序に広がっていくバラック群であった。我が町の主役たることを一向に目指さないように見える東京の市民は、かかる瞬間にこそ「本当に東京という都市の「主役」」であったのかもしれない、と、御厨氏は述べる。グランドデザインの決定に加わるときではなく、てんで勝手に人災や天災に抗するときに、情熱を発揮する存在としての東京市民。彼らと代議手続きを通じた自治の折り合いは容易につかなそうだが、この東京市民像には否定しがたい説得力がある。

明治史上の二つの軌跡

地方論と首都論を接合することに関し、御厨氏は禁欲的であった。本書にも、その初期条件に埋めがたい差異をはらむ両者を、直接的にあわせ論じた文章は収められていない。ただし、政治権力を、ある空間の統治／自治、とりわけその空間の物理的な改変と関わっての政治過程を通じて考究する視角が通底している以上、御厨氏が描く地方の明治と首都の明治は、無関係ではありえない。これら二つの明治史は、同一平面上に印象深い二つの軌跡をつくり出している。

国会開設前、中央政府の指導者は、ともすれば権力機構の遠心化を招きかねない地方の掌握に腐心する一方、首都についてはその自立化を警戒するよりも（当時の東京の「地方官」は、中央との密な連携をあらかじめ考えて選定された、精鋭の国家官僚経験者であった）、空間改造を国家的課題と捉え、改造プランをめぐって指導者内での競合を繰り広げた。国会が開設されると、政党は地方利益を通じた勢力拡大に向けて徐々に動き出す。その立役者である星亨が、日清戦後の東京で手ずから同様の試みを始めたことによって、地方と首都の政治的将来は瞬間的に近接する。しかし星は横死し、その後の東京では、政党の「利益」も官僚の「計画」も、市民を捉えきることができない。一方の地方では、地方利益を通じた名望家層の掌握が一定程度進行した状況で、「利益」の存在形態が変容していき、その帰結として「計画」が姿を現す。二つの軌跡はぴたりと重なることは決してない一方、時差を含んでの相似性や、相互距離のダイナミックな拡大・縮小を示し、見ていて飽きることがない。

このような軌跡から印象深く立ち上がるのは、ある空間における統治／自治のありようが、地理的条件に根ざしつつ複雑な政治過程をたどって変転し、またその変転と深く関わって人びとの政治意識が成形されていくさまである。そしてこの印象を反芻するうち、新たな疑問もわいてくる。「牧民官」たちが代表し善導するつもりであった住民と、のちに彼らが統御不能だと嘆息した住民について、いかなるかたちで一貫した理解ができるのか？　首都において、「市民一般」の枠からはみ出す経済エリートや下層民衆は、統治／自治にいかなるかたちで相対したのか？ただしこうした疑問には、まさに御厨氏自身が行ったように、何とかして自己回答にたどり着くべく後進が執念深く取り組むべきなのだろう。

いけだ・まほ　日本学術振興会特別研究員、都市政治史　主著＝「地方と国家の間の首都計画――市区改正取調の開始と東京府庁」（『史学雑誌』第一二六巻第三号、二〇一七年三月）

物語と実証――『明治国家の完成』を中心に

佐々木　雄一

『明治史論集』と研究スタイル

シンポジウムでも述べたように、『明治史論集』を通読して最も興味深かったのは、「日本政治における地方利益論の再検討」（第Ⅰ部第7章）であった。初期の頃とは異なる文体と間口の広さ、そしてジャーナリスティックな著作への言及が目を引く一方で、正統政治史として、あるいは学問としての折り目正しさを保とうとする配慮も強く感じられるからである。「かなり冒険をしたつもり」（本書四九頁）という雰囲気は、文面からよく伝わってくる。

冒険がなされるにはなされるだけの理由がある。それは、精密実証に感じた行き詰まりであった。「それを貫いたときに見えてくる歴史像というのが〔中略〕どうもうまくひとつの大きな形になって現われてこない。〔中略〕「実証」のプロセスがいろいろ書いてあっても全体像がなかなか見えない」（本書二八頁）という言に象徴されている。普通は行き詰まりを感じたからといって研究スタイルを変えるのは容易ではないが、ともかくも一九八〇年代後半に、文体の変化と戦後史にまで手を伸ばすという二点において転換の萌芽が見られた。シンポジウムではその観点からの言及が、一九八七年発表の「地方制度改革と民権運動の展開」、「十四年政変と基本路線の確定」、「昭和二〇年代における第二保守党の軌跡」、そして一九八八年発表の「日本政治における地方利益論の再検討」という作品すべてに関してなされている。こうした転換を本格化させたのが、アメリカにおけるオーラル・ヒストリーとの出会いということになるだろう。

以上のようなことを中心に『明治史論集』についてもう少し詳しく論じてみようというのが筆者の元々の考えであったが、『日本歴史』で同書の書評と紹介を行うこととなった。そこでここでは趣向を変えて、一九九〇年代以降、『明治史論集』刊行に至るまでの間の御厨氏と明治史研究という観点から小文を寄せたい。

『明治国家の完成』再読

初期の作品を除くと、御厨氏の代表的な明治史研究と言えば二〇〇一年刊行の『日本の近代3　明治国家の完成　一八九〇〜一九〇五』（中央公論新社）である。この時期を扱う研究書や概説書で必ずと言ってよいほど参考文献に挙がる。ただこの本についても、シンポジウムでは「実はこれを書くときが七転八倒でした。〔中略〕とにかく書けないんです。どうしても書けない。「これとこれとこれが書きたい」というのがあっても、それが文章化できない。僕は時々そういう悩みに陥ることがありますが、このときもそうでした」（本書二九〜三〇頁）との証言がなされている。

たしかにいま手元にある同書の帯には、流れた時間の長さを示すように、「最終回配本全巻完結！」と書かれている。

同書は、明治天皇、元勲、建国の父祖、といったあたりの議論が有名である。『明治史論集』の「序」や序章（「明治がつくった二〇世紀日本」、二〇〇三年初出）でも、明治二〇年代以降についてそうした観点からのまとめがなされている。ただ、言葉やカギ括弧の使い方を細かく見てみると、『明治国家の完成』では「「元勲優遇」の勅語」、「元勲優遇の勅語」、「元勲優遇の勅」など表現にバリエーションがあったものが、「明治がつくった二〇世紀日本」では、「「元勲優遇」の勅」に統一されている。また「「建国の父祖共同体」」という語が最大のキーワードとして頻出する。それに対し、『明治国家の完成』で繰り返される語は「ファウンディング・ファーザー」ないし「ファウンディング・ファーザーズ」であって、「建国の父祖共同体」という語はほとんど用いられていない。

一見、些細な違いである。そして実際、単に紙幅や表記統一の問題なのかもしれない。しかしこの微妙な差は意外に重要で、『明治国家の完成』にあったもう一つのモチーフが後景に退き、論が整理されたことを意味しているのではないか、というのが筆者の見立てである。もう一つのモチーフとは、伊藤博文、星亨、田口卯吉、尾崎三良、近衛篤麿の五人＋明治天皇の連鎖構造、というものである。『明治国家の完成』には、次のような一節がある。「一八九〇（明治二十三）年の国会開設こそが、この五人の出会いと交流を可能にしたのである。〔中略〕明治国家のおもしろさは、維新期に国内にあふれ出た有為の人材を、国会という統治機構をメルティングポットにして、普通のままではとうてい出会わなかったような人材を交流させ、その出会いのダイナミクスから思いもかけない大胆な政治の展開を生んだことにある」（『明治国家の完成』五二頁）。大変興味深い視角である。ただ、直接引用するかどうかは別にして、国会開設によって生じたダイナミクスという像を支える材料は十分に備わっていたのだろうか。政府中枢を明治天皇と元勲たちの世界として描いた部分、また様々な個別資料を用いて示した社会の動きとは、リアリティに差があるように筆者には感じられる。前述の「悩み」の原因はこのあたりにあったのではないだろうか。

『明治国家の完成』の問題点を指摘したいのではない。むしろ、国会開設によって生じたダイナミクス、それも明治政府内主流の政治家から官僚、政党人、言論人まで含めて、というのはいまなお取り組まれるべき研究テーマであり視角である。ここでの論点は、実証に行き詰まりを感じ文体の転換を経た末に、「「物語」というところにかなり重点を置いて書くことができた」、「同じ明治史の中でもたぶん、ここでそういうかたちの一つの大きな転換があった」（本書三〇頁）との自己評価がなされている『明治国家の完成』においても、やはり資料から離れたところに説得力のある物語は成立しなかったのではないか、ということである。

実証への意識

その点に関連して、一つの体験を記しておく。二〇一二年、筆者は修士論文作成の実質的な指導を御厨氏から受けた。夏にかけて一か月に一回ほど構想報告を行い、その後何度か草稿を見ていただいた。その過程で、印象に残った出来事がある。筆者は、日清戦争後の一八九六年、なぜ陸奥宗光が山県有朋を特派大使としてロシアに派遣することを推進、あるいは最低限受け入れたのか、ということについて、「山県の外交手腕のなさを見込んだのではないかと思われる」と書いていた。自分の外交能力に自信を持っており自らの裁量で様々なことを決めてしまう恐れがある伊藤博文に比べれば、山県の方が訓令の範囲内で動くと期待できる、ということである。筆者としては、対象とする人物たちの特徴や関係性、心事をうまく捉えることができたと思っていたが、それに対し御厨氏から、言い過ぎである、論証できていない、とコメントがあった。そして次の機会に、「それはおそらく、山県の外交手腕のなさを見込んだからである」と本文の表現をやや断定的にしたうえで、同旨の指摘を行った文献といくつかの資料を脚注に記したものを用意したところ、これならわかるとのことであった。もちろん筆者が資料を誠実に読解・利用しているという共通了解は前提としてあるものの、実際に論証されているかどうかということ以上に、ここでは根拠が示されなければならないという嗅覚が働いたのだろう。御厨史学における、根本的な部分での資料や実証に対する強い意識を垣間見たように思った。

明治史研究の対話

いささか、牽強付会に過ぎたかもしれない。しかしともかくも筆者の印象では、御厨氏の明治史研究に対する関心や資料へのこだわりは、過去の業績として固定化され、封印されたものではないのである。シンポジウムでは、「明治史に戻るというのもこれまたなかなか大変でありまして、土地勘というものがありますからね。今回これを拾ってみることによって、ある種「こうだったかな」ということは思いますけれども、「じゃあ、次はここに斬り込もう」というようなところは、うん、そうですね、いますぐに言えと言われてもないかなという感じです」（本書四九頁）との言もあったが、前田亮介氏の解題のタイトルにもあるように、『明治史論集』とその周辺には未発の可能性がつまっている。過去になされた研究として受容されるだけでなく、「ある種「こうだったかな」ということ」といったあたりをアップデートし、近年の研究に対する書評なり何らかのかたちで披瀝していただくと、後進の研究者にとってもより有益なのではないかと思った次第である。

ささき・ゆういち　首都大学東京都市教養学部法学系助教、日本政治外交史　主著＝『帝国日本の外交　一八九四―一九二二――なぜ版図は拡大したのか』（東京大学出版会、二〇一七年）

館・ざわめき・場——歴史叙述をめぐる革新

前田 亮介

招かれざる客たち

御厨貴氏はかつて、喜劇役者の古川ロッパの日記を通じて、戦中・戦後の日本が経験した社会のダイナミックな変容を再構成しようとする離れ業を披露したことがある。その論文「戦時・戦後の社会」（中村隆英編『日本経済史7　「計画化」と「民主化」』岩波書店、一九八九年）[1]の中には、日米戦争下の東京で進行しつつあった、「館」とプライヴァシーのありようの変化をめぐる、次のようなロッパ日記からの示唆的な引用がある。

今、〔ロッパの自宅の〕階下には此の近所の隣組の常会が開かれてゐる。アハ、、、ゲラゲラとその常会が笑ってゐるのだ。他人の家へ、どしどし乗り込んで——馬鹿な！（一九四二年九月九日の条）

庭などへどんどん他人が入って来たりする生活といふものは、考へたゞけでぞつとする。（一九四四年一二月二五日の条）

論旨のうえでは、特段この部分の引用がなくとも、議論の大筋に変わりはない。しかし、総力戦の長期化に伴い、次第に都市でもお互いのプライヴァシーへの配慮が失われ、赤の「他人」が自宅の敷地内にいることが日常的な風景と化していくことを、この両史料は東京人ロッパの観点から鋭敏に描きだしており、総力戦の経験が戦後日本の個人と社会の関係におよぼしただろう中長期的な含意を、このような引用の思いがけぬ配列であっさり照射してみせる御厨氏の巧みな手腕に、あらためて驚かされる。

ただ、上記の引用は、そうした御厨氏の歴史叙述に特徴的な「豊穣な余韻」とはまた別の興味深さを有している。すなわち、プライヴァシー侵害に対するロッパの生理的な嫌悪感と、引用者である著者自身の秩序感覚が、どこか二重写しになっているところがあるのである。もちろん、ロッパの問題意識は、猥雑で野蛮な何ものかが自分の「館」に侵入してくることへの憤りにあり、彼自身の「館」をめぐる秩序観までは読みとれないため、「館」を要因とする政治史の再編を試みてきた御厨氏とは、めざす方向が逆ではある。しかし、「ロッパの館」が落城の危機に瀕した事実に注目する著者独特の感性は、その歴史叙述の変遷をたどるうえでも、やはり無視できない意味を持っていると思われる(2)。

「館」とデモクラシー

まず「館」には、住人たちが共有する負の原風景として大衆化・民主化の進展があり、様々な経路で外部から侵入を試みてくる「招かれざる客」がいることが前提である。とはいえ、「招かれざる客」への防波堤という単に消極的で退嬰的な意図だけが、「館」に託されているわけではむろんない。より積極的には、「館」のインナーサークルが発するコミュニケーション（「出会いのざわめき」）に耳を傾けることが、明治政府でも自民党長期政権でも、統治を下支えしていたはずの（しかしこれまで多くの史家に無視されてきた）未知の文法の析出に不可欠だと、おそらく御厨氏は理解しているのである（したがって「館」と「暗黙知」は親和的である）。そしてそのことは、御厨氏がしばしば苦手意識を吐露してきた「桂園体制」のような、氏の理解では可塑性に乏しい静態的な時代に進行する――やはり氏が好んで引用するラドヤード・キップリングの表現を借りれば――「政治における芸術の喪失」を、おそらく押しとどめる効果を持つのである。逆にいえば、明治政府のような政治参加を制限した権威主義的体制の下でのみ「政治における芸術」が可能となるのではなく、むしろデモクラシーの下でも、そうした領域が開花しうる事例を示した点にこそ、政治学としての御厨「館」研究の真髄はあるのであろう。

もっとも、「館」がこうした排除と包摂の原理を持つことから、御厨氏の「館」論と民主化の議論がやや折合いが悪くみえることも確かである。たとえば、『明治史論集』の解題でも触れたように、御厨氏は一時期、病院という幕末以来のインフラストラクチャーに関心を示していたことがある。病院が平等化・平準化の作用を強力に持っており、権力者でさえ一人の患者にしてしまうという氏の指摘には、鉄道、治水、学校といった他のインフラストラクチャーとの豊かな比較可能性を感じさせた。ただ、まさに「館」の内部を等しく開放するこうした作用ゆえに、病院論は御厨史学に最終的に組み込まれえなかったのかもしれない。

「館」のみならず、民主化というファクターがそもそも御厨政治史学においてどのような位置を占めているのかという論点も、またここから浮上してくる。NHK「さかのぼり日本史」シリーズの御厨氏担当巻のタイトルが『挫折した政党政治』（NHK出版、二〇一一年、のちに『政党政治はなぜ自滅したのか?』（文春文庫、二〇一七年）に改題）であることが象徴するように、戦前の政党政治に対する氏の基本的姿勢は、低評価ないし無関心である。[3] 御厨氏が新機軸を切り開いた中央―地方関係論でも、三谷太一郎氏や有泉貞夫氏の地方利益論に自らの首都計画／国土計画論を対置することが主眼であり、地方利益論への内在的関心はおおむね薄い（そして原敬よりも星亨に惹かれているようである）。しかし戦後になると、田中角栄への強烈な関心に見られるように、氏は突如、政党政治を積極的に語りはじめる。議院内閣制が憲法体制に組み込まれたこと、さらに田中角栄が国土計画論と地方利益論を総合したこと、それによって政党による統治を分析する材料が格段に豊かになったことが、戦前／戦後デモクラシーをめぐる氏の熱量の違いのそもそもの背景であろう。[4]

現代歴史学との邂逅？

ただ、戦前を対象とするときに、御厨氏が「挫折」や「自滅」として総括せざるをえない政党中心の叙述では満足できない状況が、やはり変わるわけではない。そうした歴史叙述の不全感を打破すべく、「館」「暗黙知」と対になるものとして少なくとも一時構想されていたのが、広義の「文化」現象だったのではないかと推測される。『日本の近代3　明治国家の完成　一八九〇～一九〇五』（中央公論新社、二〇〇一年）巻末の文献案内をひもとくと、意外なことに、御厨氏が一九九〇年代に隆盛したカルチュラル・スタディーズの摂取に当時熱心に取り組んでいた様子が窺える[5]。現代歴史学の有力な一潮流とも共振する一面があったのである。それは、統治の上層から下層まで無際限に広がっていく「出会いのざわめき」に氏が目を凝らし続けてきたことの帰結であり、前半期の御厨史学で内的循環を生み出していた頂点（初期官僚制）と末端（地方経営）はそれぞれ、いずれも大文字の歴史の因果関係からこぼれ落ちやすい「暗黙知」と「ざわめき」に変容していったのであろう[6]。そして、いわば「批判理論」的な視点からではなく、「統治と権力」に内在的な視点から文化の政治学を捉える点に、歴史家としての御厨氏のユニークさを見出すことができるのである。

それもあって、御厨史学と「言語論的転回」後の現代歴史学の間には、歴史叙述の手法においても一定の共振性が認められる。近代日本の文化や建築、都市について先駆的な仕事を発表してきた歴史家のジョルダン・サンド氏は、ヴォルター・ベンヤミンの『パサージュ論』を参照しつつ、従来の歴史学とは異なる論証手続きと歴史叙述（「モンタージュ」）を実験的に導入した自身の論文「紳士協定――一九〇八年、環太平洋のひとの動き、ものの動き」について、次のような興味深い言明をしている。

〔この論文では〕線的な語りを追求する代わりに、一九〇八年という一つの年に生じた出来事や発言に焦点を絞り、歴史叙述のモンタージュを使った互いに関係し合う流動の地図を構築している。〔中略〕因果関係の構造によって事実を分析できるような線的な歴史の語りに対して、モンタージュは代役を果たせない。しかし、それが通常の手法に則った叙述構造をもつ歴史論文のあいだに置かれると、われわれはレトリックによって構築された歴史上の因果関係の確実さから一歩離れた立場に立ち、複数ありうる歴史叙述の可能性を想像できるようになる[7]。

通時的に歴史過程を再構成する「線的な歴史の語り」においては往々犠牲にされてしまう、一見は相互関係をもたない共時的な諸経験のあいだの深い相互連関を浮き上がらせること。それはちょうど映画史でソ連のセルゲイ・エイゼンシュテインが体系化したような、複数の無関係のショットをつなぎ合わせることで全く新たな意味を生みだすモンタージュ理論に準《なぞら》えられる。そして著者は、一九〇八年の「流動の地図」を再現することで、「歴史上の因果関係の確実さ」に収斂しない、歴史叙述の複数性の余地を見出そうというのである。

もちろん、歴史において因果関係の世界やそのナラティヴが持ちうるある種の権力性を、周縁的なアクターへの着眼を通じて「下から」解体しようとするようなアプローチと、御厨政治史学の間には、大きな径庭が存在する。ただ、「歴史叙述のモンタージュ」という方法論的な提言が、御厨氏が「精密実証」を相対化すべく「歴史物語」から析出した「流れ」の概念や、時代の全体像を捉えるための切り口である「ざわめき」の概念と、実のところ相当程度重なっていることは、氏の熱心な読者には一目瞭然だろう。こうした現代歴史学との対話の可能性に開かれた政治史に氏が近年向かっていることは、あらためて注目に値する。御厨史学に接するとき、ひとは、こうした多次元的な射程の広がりによって生まれる、元来異質だったアプローチ間の「ざわめき」をどこまで聴きとれるかどうかに、読み手としての度量を問われることになるのである。

統治の〝場〟を求めて

とはいえ、御厨氏の基底的な関心はやはり、権力の解体や相対化よりも、安定した権力の創出と制度化の力学の追求にある。前述の『政党政治はなぜ自滅したのか？』では、安倍晋三内閣の長期政権化を受けて加筆した部分において、「政党政治を成り立たしめている〝場〟を崩してはならない。結論はそれにつきる」、「政党政治とは、そのようにデリケートなものであり、放置すればすぐにも壊れてしまうものなのです。だから、政党政治を成り立たしめている〝場〟を崩してはならないと言えましょう」と記している。この〝場〟という言葉についてそれ以上説明はないが、新たな鍵概念であることを予想させる（社会学者ピエール・ブルデューの「場」（champ）の概念を想起する向きもあるだろう）。推察するに、「館」ほど固定的でも、「暗黙知」ほど密教的でもないが、不断のメンテナンスと固有の取扱説明書が必要となる点で、両者とも相補性を有する秩序表現なのであろう。〝場〟をめぐる御厨政治史学の今後の本格的な展開が楽しみである。

注

（1）のちに「国土計画と戦時・戦後の社会――国土政策の空間的ネットワーキングとイデオロギー化をめぐって」と改題のうえ、御厨貴『政策の総合と権力――日本政治の戦前と戦後』（東京大学出版会、一九九六年）に収録された。

（2）なお、都立大移転に伴う「八雲の館」の喪失が、むしろ御厨氏のおしゃべりのインナーサークルの知的探究（すなわち「館」論とオーラル・ヒストリー）に昇華していったことを示唆するシンポジウムでの金井利之氏の発言を参照。また御厨氏自身は南大沢キャンパスに負の記憶しか有しておらず、それは同シンポジウムでの発言が如実に示しているように、いわば「未開」と「野蛮」への強い拒絶感である。この点は、「狐狸の類を追い出」す作業にいまだ追われていた、典型的なニュータウンに変貌する以前の南大沢への観察としても興味深い。谷口功一「南大沢・ウォルマート・ゾンビ」（同『ショッピング・モールの法哲学――市場、共同体、そして徳』白水社、二〇一五年）二四―二五頁。

（3）もちろん、『政策の総合と権力』第二章「水利開発と戦前期政党政治――水利政策の多面的展開と戦略的体系化をめぐって」は、戦間期の政党内閣期についての歴史叙述の傑作である。ただ、二大政党のコントラストは詳細に描きだされるものの、もっぱら析出されるのは両政党「内閣」の省庁間セクショナリズムを統御する能力（の限界）であり、両内閣が「政党」を基盤とした内閣であることの意味（たとえば与党と内閣の関係）には重点が置かれない。そうした論点が展開されるのはやはり、第三章「水資源開発と戦後政策決定過程――水資源政策の複層的展開と制度的完成をめぐって」においてである。

（4）なお、御厨氏の五五年体制論が「三権」の全体を包摂した枠組みだったことの画期性を指摘したものとして、シンポジウムでの河野康子氏の発言を参照。

（5）ただ、『首都計画の政治』（山川出版社、一九八四年）執筆前後から御厨氏が国文学者・前田愛氏の仕事に示しつづけた関心の強さを思えば、連続的なものともいえるだろう。

（6）こうした頂点と末端への関心の共存は御厨政治史学に一貫した特徴と思われるが、この背景には、御厨氏が、左派の歴史家の優れた業績には高い評価をしてきたことがあるかもしれない。たとえば、「大久保没後体制――統治機構改革と財政転換」（『明治史論集』第Ⅰ部第1章）の研究整理における原口清『日本近代国家の成立』（岩波書店、一九六八年）への言及、また「国策統合機関設置問題の史的展開――国策の主体形成と機能的再編をめぐって」（『政策の総合と権力』第一章）冒頭における藤田省三『天皇制国家の支配原理』（第二版、未来社、一九七四年）の鮮やかな引用を参照。

なお、戦後歴史学が前提とした構造的把握と、同時代に篠原一氏（や言及されていないが坂野潤治氏）の政治史が採った政治過程論の間に、意外な親近性がありえたことを示唆したものに、大門正克「昭和史論争とは何だったのか」（同編『昭和史論争を問う――歴史を叙述することの可能性』日本経済評論社、二〇〇六年）一四頁。さらに、石母田正氏や宮地正人氏のような戦後歴史学の系譜にある研究者が、「文化史」「社会史」などのカテゴリーを斥けて（そのことの是非はさておき）、折に触れ「政治史」（政治権力の歴史）という自己規定を打ちだしてきたことも、これと関連して注目に値しよう。他方で、藤田省三氏の日本ファシズム研究は、「ファシズム論争」を提起した政治史家・伊藤隆氏からも実は高く評価されていた（酒井哲哉「一九三〇年代の日本政治――方法論的考察」近代日本研究会編『年報・近代日本研究10　近代日本研究の検討と課題』山川出版社、一九八八年、二四五頁注（19））。御厨政治史学の誕生にも影響を与えただろう、こうした知られざる「政治史」学史の追跡は、今後の興味深いテーマになるかもしれない。

（7）ジョルダン・サンド『帝国日本の生活空間』（天内大樹訳、岩波書店、二〇一五年）九頁。傍点は前田。

まえだ・りょうすけ　北海道大学大学院法学研究科准教授、日本政治外交史　主著＝『全国政治の始動――帝国議会開設後の明治国家』（東京大学出版会、二〇一六年）

「危機の一〇年」の記録として

手塚　洋輔

研究者にとって四〇歳代は危機の一〇年――御厨先生が（そのときはまだ若かった）私に繰り返し説かれたテーゼである。もちろん、その中には家族がいればそこへの責任が重くなるといった私的側面もあれば、学内行政や学会活動に多忙を極めるという公的側面も含まれる。ただ本分たる「研究」という面では、それまでの自分のテーマを一旦捨てて、新しいテーマに挑戦できるか、ということになるだろう。その意味で、本書（『戦後をつくる』）に所収された諸論文はまさに、一九九〇年代を危機の一〇年として過ごした御厨貴の挑戦のプロセス（「戦後御厨政治学をつくる」）とも読める。

そこで、気づけば不惑を迎えてしまった研究者（＝私）がこれからの一〇年にどう臨むべきか、という問題意識を重ねながら、本書の特徴と展開可能性を考えてみたい。

戦後政治という文脈で御厨政治学のテーマを振り返るとき、重要な対抗軸となるのが、実は、戦後自民党政治なのではないかと気づかされる。とりわけ研究の土俵を戦前から戦後へと転換させていく一九九〇年前後において、かたや自民党は、省庁と族議員が強固に結びついた「仕切られた多元主義」の様相を呈し、またそれを前提として、政治の中枢においても、政策決定や調整のシステムが高度に整備され、政治対立の裁定メカニズムすら定型化された状況にあったといってよい。

当時新しい潮流となりつつあった政治学における「実証研究」は、新制度論といった欧米の研究動向を摂取しつつ、日本政治の実態解明に乗り出していた。その多くは、特定の政策分野を素材として、仕切られた内部のメカニズムを解明することに取り組み、成果を生み出していたのである。

これらの研究が着目した自民党政治の成熟は、いわば制度化の極地にあった。しかしながらこのことは他面において、政治のダイナミクスに乏しく息苦しさすら感じられたであろうことも想像に難くない。

このように仕切られた制度を読み解く往時の潮流と対比したとき、御厨政治学の特徴をあげるとすれば、一つには、「仕切られ」ていない「総合性」へのこだわりであり、二つには、制度化されない「フロンティア」を見いだしたことにあるといえよう。

第一の「総合性」にアプローチしようとすれば、まず考えられるのが「内閣」であり、次に旧大蔵省や旧行政管理庁といった各省庁間で調整を行ういわゆる制度官庁を素材に選ぶことだろう。

実際、財政や行政改革といった観点からの研究も一定の蓄積はあった。しかし、この時期の御厨がテーマとして選んだのは、国土計画や栄典であった。いずれも社会経済との接点を重視し、社会経済の変化から政治中枢（あるいは、シンポジウムの発言を借りれば「国の全体像」）にアプローチするという方法を意欲的に取り入れたところが着目される。

第二の制度化されない「フロンティア」という点でみれば、一貫しているのは、「制度化するとつまらなくなる」という視角である。『戦後をつくる』という書名はまさに、この「つくる」局面を軸に議論を展開してきた御厨政治学をあらわしているといえるだろう。とはいえ、「制度化されない」場所を見つけることはそう容易なことではない。一九四〇年、四五年、五五年、六〇年と論者によって異なるものの戦後体制は概ね一九六〇年頃にはあるかたちを整えたと考えられていたからである。他方で歴史学的に精密実証を行おうとしても、占領期より後の年代については史料の制約もあり困難だというのもまた、当時の通説的理解だったと思われる。

高度成長という社会経済の変化と裏腹に、政治は安定しているという認識をどう打開するか、別の言い方をすれば、一見安定しているように見える政治のどこに「主体性」を発見するかが一九九〇年代の御厨政治学に流れる通奏的なテーマだったともいえるのではないか。

ではいかにしてこの課題に挑戦したのだろうか。方法論的には、周知の通りここでオーラル・ヒストリーによって活路を切り開いたということになる。ただその前提として、シンポジウム

（第二部）の中で自身が回顧したように「イメージ」から政治史を組み立てるという着想であったことに留意する必要があるように思われる。つまり、何があったか（事実）からは一旦離れて、関係者がどう考えていたかという次元を手がかりに時代状況をつかもうとする姿勢への転換がもつ意味である。

確かに、その後二〇〇〇年代に入ってから、私自身も、御厨先生とオーラル・ヒストリーの聞き取りにしばしば同席したが、そこで繰り出されるやりとりは、何があったかというよりも、インタビュイー（当事者）がそのときどのように考えていたのかに力点が置かれていたように思い出される。

異なるアクターの視点を組み合わせて状況を再構成する手法は、状況証拠の積み重ねではないか、あるいは、決定的な史料がない中での次善の策ではないかといった見方もありうる。しかし、失われた（ようにみえる）選択肢があったこと、あるいは、その可能性を模索した人がいたことを示すことによって、政治（学）のダイナミクスを描くこと、ひいては言論の可能性を拡げることに賭けたのだと読み込むこともできる。

もっとも、そのためには、異なるアクターの認識を精密に理解することが不可欠である。より正確に言うならば、確証がない中で実際とそうはズレない範囲で理解できたと自分自身が納得できる力が不可欠なはずである。だがそれに必要な想像力を抱き続けることはそう容易ではない。おそらくこの点こそが、御厨政治学のまねできない部分なのではないかと強く思う。

こうして導かれる「イメージ」の対抗関係から現代政治を読み解こうとすれば、それまでの政治史とは異なることになるだろう。例えば、初期に生み出された著作の特徴として、「論理」の対立構造を摘出しそれをどう裁定するかしないかというリーダーシップの有り様を軸に展開するという点がある。そして史料に裏打ちされたこの「論理」への着目は、『政策の総合と権力』（東京大学出版会、一九九六年）に至るまで通底していたように思われる。

その意味で、「イメージ」を補助線とする手法の開拓は、「論理」が定型化し、さらに「論理」の裁定構造からもダイナミクスが失われた戦後政治を分析する上で、「論理」から一旦は離れるという決断でもあった。

そしてこのことは、二〇〇〇年代に入り、小泉政権が成立するや、より積極的な意義を帯びることとなった。なぜなら、「説得しない、調整しない、妥協しない」を旨とする小泉の政治姿勢は、およそ「論理」とは異なるからである。その後の第一次安倍内閣の失政を通じて、御厨先生自身、政治や行政を稼働させる見えざる文法である「暗黙知」とその喪失に関心を寄せていく。この背景には、さまざまなアクターの「イメージ」を重層的にとらえる蓄積と経験があったと考えるべきだろう。

他方で、本書に所収された諸論文の後、一九九〇年代後半からさまざまな改革がなされる時代となった。制度化されないフロンティアという点では、まさに豊穣な研究フロンティアが現出したともいえる。では、「論理」もなく、「暗黙知」すら喪失した政治が果たして何を「つくる」ことができたのか。二〇一〇年代に入って、その検証が本格化しつつある。そこでは過去と対比して暗黙知なき制度化の特質は何かといったことが課題として浮かび上がることになろう。あるいは、新しい暗黙知の存在や、「論理」を再び呼び戻すことにつながるかもしれない。ただこうした問いにたどり着くことができるのも、ひとりの研究者が「危機の一〇年」に模索と挑戦を続けたからこそであり、その意味でも『戦後をつくる』とこのシンポジウムは貴重な記録である。

てづか・ようすけ　大阪市立大学大学院法学研究科教授、行政学　主著＝『戦後行政の構造とディレンマ――予防接種行政の変遷』（藤原書店、二〇一〇年）

「第二保守党」論の変転

金井　利之

はじめに

シンポジウム「御厨政治史学とは何か」第二部（戦後編）の一つの焦点は、御厨政治史学における「第二保守党」論であったように思う。戦後の自民党一党優位体制は、戦前の政党内閣期の、あるいは、英米型民主制の、「二大政党制」の色眼鏡で見ると、見誤る。保守二大政党制は現実にはできなかった。五五年体制は、自民党・社会党の保革「一と二分の一政党制」とも呼ばれたものの、現実には「二大政党制」の枠組で記述することは、実態に即さない。結果的には、海外（イタリア）由来の「一党優位制」「優越政党制」という名称が、事後的に当てられた。保守二大政党制を確立するには革新勢力は強すぎ、保革二大政党制を確立するには革新勢力は弱すぎたのである。だから、穏健多党制・連合政権しかないというのが、「篠原シューレ」（ヨーロッパ政治史学）の見立てであった。そういう潮流の中で、革新勢力という「永久敗者」ではなく、「第二の敗者」としての第二保守党への関心が、御厨政治史学であったのかもしれない。

一九九〇年代の小沢一郎プロジェクト

御厨先生からの助手論文完成直後の「オーラル・ヒストリーへの誘い」が、私の助手論文完成直後に、飯尾潤さんを介して為されたことは、シンポジウムで述べたところである。そして都立大学赴任直後に、岩波書店から短期間だけ発行されていた『よむ』という雑誌に、同じく飯尾さんから、田中角栄『日本列島改造論』（日刊工業新聞社、一九七二年）に関する書評を依頼された（金井利之「『日本列島改造論』というものが昔あった」『よむ』一九九四年三月号、三〇〜三一頁）。下河辺オーラルの作業では、「都市政策大綱」と「列島改造論」と「新全総」は重要な文書テキストであったから、執筆が可能であると思われたのであろう。

『よむ』の当該号は、田中角栄特集ではなく、小沢一郎『日本改造計画』（講談社、一九九三年）に関する書評特集であった。いわば、私に与えられた課題は、田中改造論と小沢改造論を対比するという企画だったのである。その当時は、『日本改造計画』の「真の執筆者」が誰であるかは、ペイペイの私の感知するところではなかった。勿論、多忙な政治家・小沢一郎が自ら書いたものではないことは想像がついたが、小沢の思いを聞いてジャーナリストか誰かが文字にしたのか、それとも、思いのない小沢は官僚・学者が勝手に書いたものを丸飲みしたのかは、わからなかったものである。小沢一郎の暗黙の「保守二大政党制」プロジェクトが、どこまで小沢本人のものかわからないが、御厨政治史学は保守二大政党制を通奏低音として、その後の実践活動（現実の同時代の政治家たちとの「おしゃべり」）とつながっていたのかもしれない。

「日本二大政党史」への無関心

御厨政治史学は、戦前に遡って、保守一党優位体制の起源を描くわけではない。同時に、戦前においては、「第二保守党」への関心は低いように思われる。さらに、政党内閣期の政友会・民政党の「二大政党制」に郷愁が見られない。五百旗頭薫君や奈良岡聰智氏が、大隈重信・加藤高明など憲政会系に関心を持つのは、二〇〇〇年代に瞬間風速的に「疑似二大政党制」が出現したかに見えた状況を過大視したのかもしれない。しかし、御厨政治史学の「第二保守党」論は暗い。芦田均も重光葵も三木武夫も中曾根康弘も、「第二保守党」を実現することのないまま、「ザ・保守党」（「第一保守党」というのは存在しない）に吸収されていく。所詮、戦後日本では「第二保守党」または「保守二大政党制」は「見果てぬ夢」なのかもしれない。

この困難性は、「比例代表」的効果を持つ「中選挙区制」（選挙制度工学者は「単記非移譲式」などという）のなせる技というのが、一九九〇年代の選挙制度工学の診断である。有権者分布が右派二・左派一であればどうなるか。右派二党になれば、どのような選挙制度でも三党鼎立して安定政権が作れない以上、保守合同による保守一党支配体制しかない。中選挙区制や比例代表制では「一と二分の一政党制」になる。小選挙区制にすれば、弱体な左派は過小代表されてゼロになるので、「保守二大政党制」ができるのではないか、という処方箋であろう（実際、選挙制度工学によって、社会党・社民党は限りなくゼロになった）。ここに小選挙区制論が潜在的なテーマとして伏在するはずであり、「ハトマンダー」と「カクマンダー」を試みた二人の「ザ・保守党」宰相、鳩山一郎と田中角栄が御厨政治史学の対象となるのだろう（勿論、「党人派」を、それ自体として党内の「第二保守党」と位置づければ別であるが）。

「第二保守党」論の暗さ

しかし、御厨政治史学は、一九九〇年代（いまも？）に流行った選挙制度工学とは無縁である。小選挙区制になったからといって、「第二保守党」と「保守二大政党制」が成立するとも物語っていないようである。歴史の後知恵かもしれないが、戦前の保守二大政党制は自滅する物語であった。歴史物語を遡っていけば、隈板内閣という「政権交代」が、保守二大政党制の棺桶の蓋を最初から開いていたのである（御厨貴『政党政治はなぜ自滅したのか？　さかのぼり日本史』文春文庫、二〇一七年、原書＝『さかのぼり日本史③　昭和～明治　挫折した政党政治』ＮＨＫ出版、二〇一一年）。そして、小沢一郎のプロジェクトも、非自民・細川政権は破綻し、新進党は解散し、自自公政権という「ひれふし」た「翼賛政治」（野中広務）を生み、民由合併による新・民主党成立は、二〇〇九年「政権交代」という自爆をもたらす。「第二保守党」は、政権に至らずに自滅するか、一強翼賛化するか、政権奪取に至って自爆するか、そのいずれかでしかない。

御厨政治史学によれば、「第二保守党」という「見果てぬ夢」は、失敗を予定されて、日本の政党政治を破壊させる、という物語になる。論理は非常に単純で、同じ保守ならば差異化をすることが困難で、同じものは二つは要らない。そうなれば、無節操に政策や制度改革を掲げるしかない。それゆえに結集軸は存在せず、簡単に解党されて、「ザ・保守党」に吸収される運命である。そして、一つしか政党がなければ、一党独裁体制と同じであり、複数政党制は不要である。一党独裁体制で必要な研究は、政党や政権ではなく官僚政治である。だから、洒脱で軽妙な江戸＝東京的な語り口であったとしても、御厨政治史学での「第二保守党」論は常に暗いのである。

「第二保守党」との関わり

もっとも、そうであるならば、ゼミの師匠である佐藤誠三郎先生のように、「この道しかない」と「ザ・保守党」に肩入れすればいいようにも思われる。しかし、それは、「日本政治史・第一講座」という名称はないが、別の日本政治外交史研究者の仕事だと、御厨政治史学は思っているのかもしれない。「日本政治史・第二講座」という立ち位置なのだろうか。それでも、結論において「暗い」はずの「第二保守党」論に、いまだに「明るい」「楽観」（『戦後をつくる』四〇一頁）の体裁が可能であったのが、一九九〇年代なのであろう。その後、民主党政権の復興構想会議・議長代理として現実と切り結んだ御厨先生は、壊滅が予定される「第二保守党」（＝民主党）政権において、あえて火中の栗を拾った。そして予想通り、「中間内閣」期を経て、民主党は政権を失うだけでなく、政党として消滅した。立憲民政党は最後まで大政翼賛会への合流に抵抗したが、民主党の後身の民進党は、そのような矜持すらなく、一夜にして解党・合流していった。

二〇一七年一〇月一〇日の総選挙の公示段階で、小池百合子・東京都知事を代表とする「希望の党」が出現した。「希望」の追求を、第二次安倍政権のカムバックの特質として、すでに御厨先生は描いていた（『戦後をつくる』三九一頁、なお、同書の副題も「追憶から希望への透視図」である）。であるならば、「第二保守党」が同じ看板を掲げるのも自然であろう。ここに、一九九〇年代御厨政治史学の「第二保守党」論と「東京」論の接合が図られるのだろうか。

御厨政治史学の行方

勿論、御厨政治史学の統治イメージでは、「第二保守党」は、自滅または自爆という壊滅が予想される「絶望の党」であり、さらには戦後日本政党政治の棺桶の蓋を開くのかもしれない。実際、同総選挙でも「希望の党」は自滅していった（ただし、絶滅はしていない）。しかし、「巨大自民党とその小さな仲間たちおよび絶滅危惧種」が居を構える中で、あえて「第二保守党」を目指して、火中の栗を拾うのかもしれないし、庭造りに励むのかもしれない。「第二保守党」への関心から、中道左派系の政治史学とは異なり、「翼賛政治体制協議会《きぼうのとう》」の「推薦」が得られなかった、「非推薦」＝「リベラル」政治家への関心は持たないだろう。生前葬を終えた「御厨翁」は、「第二の人生」において何を物語るのか。御厨政治史学とは何かは、不滅の問いである。

かない・としゆき　東京大学大学院法学政治学研究科教授、行政学・自治体行政学　主著＝『自治制度』（東京大学出版会、二〇〇七年）

御厨貴教授関連年譜（1975〜2002年）

※『政治へのまなざし〈特装版〉』（千倉書房、二〇一二年）巻末付録などを参考にして吉田書店作成。
※『明治史論集』所収論文に＊、『戦後をつくる』所収論文に†を付した。

年	年齢	所属	著書／論文／オーラル・ヒストリー	その他
1975（昭和50）	24	東大法学部助手		
1978・10（昭和53）	27	東京都立大法学部助教授		
1980（昭和55）	29		『明治国家形成と地方経営』（藤田賞）	
1981（昭和56）	30		「大久保没後体制」＊	
1982（昭和57）	31		「初期官僚制」＊	
1983（昭和58）	32		「明治国家形成期の都市計画」＊ 「〝水系〟と近代日本政治」＊	
1984（昭和59）	33		『首都計画の政治』 「東京市区改正の政治史」＊	
1986（昭和61）	35		「田口卯吉」＊ 「東京統治事始」＊ 「地方の時代と明治の地方官」＊	
1987（昭和62）	36		「地方制度改革と民権運動の展開」＊ 「十四年政変と基本路線の画定」＊ 「昭和二〇年代における第二保守党の軌跡」†	

1988（昭和63）	37	東京都立大法学部教授	「日本政治における地方利益論の再検討」＊	
1989（昭和64、平成1）	38	ハーバード大イエンチン研究所（〜91年5月）		
1990（平成2）	39		「飽和点に達した栄典制度」†	
1991（平成3）	40			※東京都立大が南大沢に移転
1993（平成5）	42			『読売』読書委員（〜96年）
1994（平成6）	43		『シリーズ東京を考える』（編）	
1995（平成7）	44		「帝国日本の解体と民主日本の形成」† 「国土計画と開発政治」† 「田中角栄」† 「自由民権期の地方官」＊	
1996（平成8）	45		『政策の総合と権力』（サントリー学芸賞） 『東京』 『忘れられた日米関係』（共著）	
1997（平成9）	46		『本に映る時代』 『馬場恒吾の面目』（吉野作造賞） 石原信雄『首相官邸の決断』	MXテレビ「都議会中継」（〜99年）
1998（平成10）	47		後藤田正晴『情と理』	『文学界』図書室（〜02年）

1999（平成11）	48	政策研究大学院教授	鈴木俊一『官を生きる』 「都市と市民」＊	「21世紀日本の構想」懇談会分科会委員（〜01年） サントリー学芸賞選考委員（〜16年）
2000（平成12）	49		「機振法イメージの政治史的意味」† 「軽井沢はハイカルチャーか」† 『渡邉恒雄回顧録』（共編）	「栄典制度の在り方を考える」懇談会委員（〜01年）
2001（平成13）	50		『日本の近代3　明治国家の完成』 竹下登『政治とは何か』	毎日出版文化賞選考委員（〜現在） 「東京環状道路」有識者委員会委員長（〜02年） 「追悼・平和祈念のための記念碑等施設の在り方を考える」懇談会委員（〜02年）
2002（平成14）	51	東大先端科学技術研究センター教授	「危機管理コミッティとしての復興委員会」† 『オーラル・ヒストリー』	『毎日』書評委員（〜06年度） 「栄典に関する有識者」（〜11年）

御厨政治史学とは何か

2017年12月28日　初版第1刷発行

企画・編集・発行
東京大学先端科学技術研究センター御厨貴研究室
吉田書店

制作・発売
吉田書店
102-0072 東京都千代田区飯田橋 2-9-6 東西館ビル本館 32
TEL：03-6272-9172　FAX：03-6272-9173
http://www.yoshidapublishing.com/

装丁・DTP　閏月社　　印刷・製本　モリモト印刷株式会社

ISBN978-4-905497-60-8